# आदिवासियों की पारम्परिक स्वशासन व्यवस्था एवं पंचायती राज

(संदर्भ झारखण्ड)

# आदिवासियों की पारम्परिक स्वशासन व्यवस्था एवं पंचायती राज

(सन्दर्भ झारखण्ड)

सम्पादक

सुधीर पाल

शोध एवं अध्ययन

पीट मिल्स

युगेश्वर राम

ओमप्रकाश पाठक

जेवियर कुजूर

वाणी प्रकाशन

वाणी प्रकाशन
*4695, 21-ए, दरियागंज, नयी दिल्ली 110 002*
शाखा
*अशोक राजपथ, पटना 800 004*
फ़ोन : +91 11 23273167 फ़ैक्स : +91 11 23275710
www.vaniprakashan.in
vaniprakashan@gmail.com
sales@vaniprakashan.in

AADIVASIYON KI PARAMPARIK SWASHASAN
VYAWASTHA EVAM PANCHAYATI RAJ
*edited by* Sudhir Pal
ISBN : 978-93-5229-422-0
Social Studies



संस्करण 2007
आवृत्ति 2017
मूल्य : ₹ 300



*रजौरिया प्रिंटर्स, दिल्ली-110 093 में मुद्रित*

*वाणी प्रकाशन का लोगो मक़बूल फ़िदा हुसेन की कूची से*

# अनुक्रम

## भाग-1



## भाग-2



## भाग-3

## भाग-4



## भाग-5



## भाग-6



## भाग-7



## भाग-8



## भाग-9

भाग-1

# सहयोगी संस्थाएँ

मंथन युवा संस्थान एक स्वैच्छिक संगठन है। यह झारखण्ड की राजधानी राँची में स्थित है। इसका गठन 'अभिनव परिवर्तन', 'उद्यम' एवं 'सामुदायिक या साझा विकास' इन तीन मूल तत्त्वों को दृष्टि में रख कर किया गया है। समाज के वंचित एवं दलित समूहों को शिक्षा, कौशल वृद्धि एवं संचार माध्यम की मदद से उनकी क्षमता का विकास करना इस संगठन का मूल उद्देश्य है। मंथन की यह लगातार कोशिश है कि मीडिया, नीति नियन्ताओं, शिक्षाविदों और सरकार को जनमुद्दों के प्रति जागरूक और संवेदनशील कर सकें।

वी.एस.ओ. (वॉलेन्ट्री सर्विस ओवरसीज), एक अन्तर्राष्ट्रीय विकासशील एजेंसी है। यह अन्य संस्थाओं से साझेदारी के तहत झारखण्ड, उड़ीसा, पश्चिम बंगाल, छत्तीसगढ़ और दिल्ली में ग्रासरूट से जुड़े विषयों पर जैसे—स्वशासन, एच.आई.वी.एड्स, विकलांगता आदि विषयों पर कार्य करती है। वी. एस. ओ. इंडिया का कार्यालय नई दिल्ली में है और यह भारत में विकास कार्यक्रमों को देखती है।

# प्राक्कथन

झारखण्ड में परम्परागत स्वशासन की परम्परा रही है। समय के साथ इसके स्वरूप में बदलाव जरूर आया है, लेकिन मूल में ग्राम स्तर पर अपना शासन ही रहा। सामुदायिक और सामूहिक भागीदारी इस परम्परागत लोकतांत्रिक स्वशासन का आधार है। परम्परागत स्वशासी व्यवस्था न सिर्फ राजनैतिक संगठन है, बल्कि सामाजिक, आर्थिक, सांस्कृतिक और धार्मिक गतिविधियों तथा संसाधनों तक लोगों की पहुँच और संसाधनों को गाँव के हित में इस्तेमाल करने का एक निकाय भी है। तकरीबन सभी जनजातीय गाँवों में किसी-न-किसी रूप में स्वशासी व्यवस्था कायम है। परम्परागत प्रधान हैं और तमाम विपरीत परिस्थितियों के बाद भी परम्परागत स्वशासी व्यवस्था आज भी विद्यमान है।

झारखण्ड के 50 फीसदी से ज्यादा इलाके अनुसूचित क्षेत्र हैं और पेसा के तहत आते हैं। यहाँ परम्परागत स्वशासी व्यवस्था भी किसी-न-किसी रूप में कायम है। त्रिस्तरीय पंचायती राज व्यवस्था और आदिवासी स्वशासी व्यवस्था के अन्तर्सम्बन्धों को लेकर राज्य में व्यापक बौद्धिक बहस छिड़ी हुई है। यह बौद्धिक बहस राज्य में पंचायती राज व्यवस्था को सही परिप्रेक्ष्य में देखने-समझने के लिए अपरिहार्य है।

वॉलेन्ट्री सर्विस ओवरसीज (वी.एस.ओ.) ने स्वयंसेवी संस्था मंथन युवा संस्थान के साथ मिलकर झारखण्ड में परम्परागत स्वशासी व्यवस्था को अनुसूचित क्षेत्र में पंचायती राज विस्तार अधिनियम (पेसा) के परिप्रेक्ष्य में देखने-समझने और दोनों व्यवस्थाओं की विशिष्टताओं और विविधताओं के बीच अन्तर्सम्बन्ध तलाशने के उद्देश्य से एक अध्ययन किया। लगभग १८ महीने के इस अध्ययन में झारखण्ड की पाँच जनजातीय समुदायों उरांव, मुण्डा, हो, संताल और पहाड़िया की परम्परागत व्यवस्था को नजदीक से जानने-समझने की कोशिश की गई। इस अध्ययन से हमारी समझ बनी है कि यदि परम्परागत स्वशासी व्यवस्था से जुड़े लोगों को विकास के परिप्रेक्ष्य में क्षमतावर्द्धन किया जाए और विकास एजेन्सियों के साथ तारतम्य और अंतर्सम्बन्ध विकसित किए जाएँ तो पेसा के मूल उद्देश्यों के आलोक में कमजोर समुदायों के सशक्तीकरण का मार्ग प्रशस्त हो पाएगा।

**राखी सरकार**<br>
निदेशक (भारत)<br>
वी.एस.ओ., नई दिल्ली

# साभार

इस शोध कार्य में प्रत्यक्ष रूप से भाग लिए सर्वश्री **युगेश्वर राम, ओम प्रकाश पाठक, जेवियर कुजूर और मि. पीट मिल्स,** (वी.एस.ओ. स्वयं सेवक) का आभारी हूँ। जिन्होंने झारखण्ड के खूंटी, लोहरदगा, चाईबासा, दुमका और पाकुड़ के दूरदराज के गाँवों में जाकर और लोगों के बीच रहकर आदिवासियों की पारम्परिक स्वशासन व्यवस्था, उनकी संस्कृति, रीति-रिवाज और पंचायत के प्रति सोच और जानकारी को जानने-समझने का प्रयास किया।

विशेष सहयोग के लिए खूँटी के सर्वश्री प्रताप होरो, कल्याण सिंह मुंडा, लोहरदगा के सी.पी. यादव, बिनोद भगत, मो. सनाउलाह और मो. तूर मोहम्मद, चाईबासा के रमेश जेरई, श्याम सुंडी, श्रीमती गीता बालमुचू, भूदेव भक्त, मुकेश विरूआ और शिवचरण पौड़ैया, पाकुड़ के सुदिप्तो बनर्जी, सज्जाद मजिद और शुबेन्दु मण्डल, दुमका के एरिक्शन हांसदा, कालीचरण देहरी, अरनेष्ट मुर्मू, गयालाल देहरी और नवजीवन देहरी का आभार प्रकट करता हूँ।

पारम्परिक स्वशासन व्यवस्था के विभिन्न प्रावधानों से सम्बन्धित विशेष सुझाव के लिए सर्वश्री रश्मि कात्यायन, अधिवक्ता, डॉ प्रभात कुमार, डॉ. रमेश शरण, डॉ. जे.पी. गुप्ता, श्री रणेन्द्र, श्री बंदी उराँव, बासुदेव बेसरा, प्रवीण कुमार, वी. एस. ओ. नई दिल्ली और चंदन दत्ता (प्रिया) का विशेष रूप से आभारी हूँ।

**सुधीर पाल**
मुख्य समन्वयक
मंथन युवा संस्थान, राँची

# पृष्ठभूमि

भारत में सामाजिक पहचान, प्रतिनिधित्व एवं जनपक्षधर विकास के संघर्ष में आदिवासियों का एक लम्बा इतिहास रहा है। जिसकी पहचान 18वीं एवं 19वीं शताब्दी में ब्रिटिश शासन के खिलाफ एवं खासतौर पर हाल के झारखण्ड आन्दोलन से आसानी से की जा सकती है। झारखण्ड में आदिवासी समुदायों में पारम्परिक स्वशासन व्यवस्था की एक सशक्त परम्परा रही है, जो सामाजिक सद्भाव को बनाए रखने और समुदायों की आवश्यकताओं और जरूरतों के अनुरूप विकसित होती रही है। ऐसी व्यवस्थाएँ आज भी मौजूद हैं और राज्य के विभिन्न क्षेत्रों में सक्रिय हैं।

73वाँ संविधान संशोधन अधिनियम अनुसूचित क्षेत्रों में भी लागू कर दिया गया। केन्द्र द्वारा 1996 में पारित पेसा अधिनियम के तहत अनुसूचित क्षेत्रों में अपनी परम्परा के आधार पर स्वशासन व्यवस्था कायम करने की बात कही गई है। पेसा के पारित होने के एक वर्ष के भीतर अनुसूचित क्षेत्र वाले सभी राज्यों को पेसा के अनुरूप पंचायत का चुनाव कराना था और ऐसा नहीं होने पर पेसा अधिनियम को स्वतः लागू माना जाएगा। किन्तु, झारखण्ड को अलग हुए लगभग छह वर्ष होने को है, लेकिन अभी तक ना तो पेसा अस्तित्व में आया और न ही पंचायत चुनाव हो पाया है। जिसके कारण विकास योजनाओं का निर्माण एवं क्रियान्वयन के कार्य आशा के अनुरूप नहीं हो पा रहे हैं।

सन् 2000 में बना झारखण्ड राज्य, जिसके 112 प्रखण्डों को अनुसूचित क्षेत्र के रूप में घोषित किया गया है। झारखण्ड भारत में अकेला एक ऐसा राज्य है, जहाँ अभी भी बुनियादी लोकतंत्र स्थापित नहीं हो पाया है। इस दिशा में मंथन युवा संस्थान, राँची द्वारा वी.एस.ओ., नई दिल्ली के सहयोग से आदिवासियों की पारम्परिक स्वशासन व्यवस्था एवं पंचायती राज के बीच सामंजस्य तलाशने हेतु एक शोध कार्य किया गया।

## उद्देश्य

- विभिन्न जनजातीय समूहों के बीच विद्यमान पारम्परिक स्वशासी शासन

पद्धति की भूमिका एवं कार्यों को समझना।

- पारम्परिक स्वशासन व्यवस्था से सम्बन्धित विभिन्न कानूनों को समझना।
- बदलते परिवेश में पारम्परिक स्वशासन व्यवस्था की मजबूतियों एवं कमजोरियों को जानना।
- निर्णय प्रक्रिया, महिलाओं की भागीदारी और स्थानीय स्तर पर विकास और प्रबन्धन
- पारम्परिक स्वशासन व्यवस्था की संरचना का पंचायती राज व्यवस्था से सम्बन्ध को समझना।
- पारम्परिक स्वशासन व्यवस्था के नीतिगत प्रभाव का पहचान करना, जिससे अनूसूचित क्षेत्रों में स्थानीय स्वशासन व्यवस्था को झारखण्ड पंचायत से सम्बन्ध स्थापित कर प्रभावशाली बनाया जा सके।

## शोध कार्य का अध्ययन क्षेत्र एवं समुदाय

- यह शोध कार्य झारखण्ड के पाँच आदिवासी बहुल क्षेत्र उराँव-लोहरदगा, मुंडा-खूँटी, हो-चाईबासा, संताल-पाकुड़ और पहाड़िया-दुमका में किया गया।
- राँची जिलान्तर्गत खूँटी प्रखण्ड के ग्राम सोदाग, गुल्लू प्रखण्ड के ग्राम गुल्लू और कुड़की।
- लोहरदगा जिलान्तर्गत लोहरदगा प्रखण्ड के ग्राम भट्ट खीजरी, बागही और बाघा।
- पाकुड़ जिलान्तर्गत प्रखण्ड लीट्टीपाड़ा के ग्राम महुलबोना और बाँसजोरी, महेशपुर प्रखण्ड के ग्राम खुरूडीह और पाकुड़ प्रखण्ड के ग्राम दुर्गापुर एवं आसनदीपा।
- दुमका जिलान्तर्गत कांठीकुंड प्रखण्ड के ग्राम पोखरीया और निझोर, दुमका प्रखण्ड के ग्राम मुर्गाथली और कौरेया।
- पं. सिंहभूम जिलान्तर्गत चाईबासा प्रखण्ड के ग्राम बरकुंडीया, टोन्टो प्रखण्ड के ग्राम गुंडीपुसी, झींकपानी प्रखण्ड के ग्राम नावागाँव और खुटपानी प्रखण्ड के ग्राम करकटा।

## अध्ययन पद्धति

- यह शोध कार्य तीन स्तरों में किया गया जिसमें पहले स्तर में चयनित गाँवों में सामूहिक बैठक और गांव के प्रत्येक समुदाय के लोगों से बातचीत किया गया।
- दूसरे स्तर में पारम्परिक स्वशासन व्यवस्था के प्रधानों का सम्मेलन किया

गया और

- तीसरे स्तर में पारम्परिक स्वशासन व्यवस्था से जुड़े प्रबुद्ध व्यक्तियों से वार्तालाप की गई।
- गाँव के बुजुर्ग, महिलाएँ और युवाओं से भी बातचीत की गई।
- इसके साथ ही सामाजिक कार्यकर्त्ता, कानूनविद् तथा बुद्धिजीवियों से जानकारी प्राप्त की गई।

# भाग-2

## 2.1 झारखण्ड में स्वशासन की परम्परा

झारखण्ड में स्वशासन की काफी लम्बी परम्परा रही है। इसके कालक्रम में काफी परिवर्तन भी हुए हैं। यहाँ आदिवासियों के कई समूह बसते हैं, जिनके बसने का इतिहास ज्यादातर अस्पष्ट है। मुंडा आदिवासियों की मौखिक ऐतिहासिक परम्परा के मुताबिक इनके पुरखे लम्बी दूरी तय करने के बाद यहाँ आए। इस क्षेत्र में उराँवों का आगमन काफी बाद में दक्षिण भारत से होने का अनुमान लगाया जाता है। परन्तु एक बात तय है कि अधिकांश क्षेत्रों में गाँवों के स्वामित्व की रक्षा की गई, जिन्हें 'खुंटकट्टी' और 'भूंइहरी' गाँवों के रूप में जाना जाता रहा। बाद में जो समूह गाँवों में आए उन्हें अधीनस्थ का दर्जा दिया गया, पर मूलवासियों के अधिकारों को अन्य समूहों द्वारा मान्यता और सम्मान दिए जाने की परम्परा भी विद्यमान रही।

झारखण्ड के आदिवासी समूहों में सहभागिता पर आधारित पारम्परिक जनतांत्रिक सामाजिक संस्थाएँ पूरी मजबूती से कायम रही हैं। इनकी पारम्परिक संस्थाएँ वर्षों की सहज प्रक्रिया से ही फली-फूली और विकसित हुईं। पारम्परिक व्यवस्था में राजनीतिक, सामाजिक, धार्मिक तथा आर्थिक क्रिया-कलापों तथा संसाधनों के स्वामित्व को सम्मिलित किया जाता है। कमोबेश सभी जनजातीय गाँवों में ग्रामीण क्रिया-कलापों को कुशलतापूर्वक संपन्न करने के लिए किसी-न-किसी प्रकार की ग्रामसभा अवश्य विद्यमान है, जिसके पारम्परिक प्रधान होते हैं। ये पारम्परिक संस्थाएँ अनेक प्रहारों को झेलते हुए आज भी किसी-न-किसी रूप में विद्यमान हैं। वर्तमान में इनकी पारम्परिक स्वशासन व्यवस्था का स्वरूप कैसा है और झारखण्ड पंचायत के साथ किस रूप में सामंजस्य किया जा सकता है। इसे समझने हेतु एक शोध कार्य की आवश्यकता जान न पड़ी। जिसका संभावित तथ्य इस पुस्तक में समाहित है।

## 2.2 झारखण्ड में जनजातीय परिदृश्य

झारखण्ड एक अनुसूचित जाति क्षेत्र है। राज्य में 32 प्रकार की अनुसूचित जनजाति पाई जाती है। 1991 की जनगणना के अनुसार बिहार में आदिवासियों की जनसंख्या

66,16,914 थी, जिसमें अधिकांश छोटानागपुर प्रदेश में निवास करती है। जनजातियों की आबादी 60.90 लाख 1991 की जनगणना के अनुसार थी। झारखण्ड की आबादी में सबसे अधिक आबादी संतालों की है। जिनकी जनसंख्या कुल जनजातीय आबादी, का 35 प्रतिशत है। इसके बाद दूसरा स्थान उराँव का है जो 18.14 प्रतिशत है और मुंडा समुदाय का प्रतिशत 14.56 है। 2001 की जनगणना के अनुसार झारखण्ड में अनुसूचित जनजातियों की जनसंख्या कुल जनसंख्या का 26.30 प्रतिशत है। 1991 की जनगणना की तुलना में 2001 में आदिवासियों की जनसंख्या बढ़कर 70,87,068 हुई है। दस वर्षों में आदिवासियों की जनसंख्या में 10,42,658 की वृद्धि हुई। लेकिन ये जनसंख्या वृद्धि प्रतिशत दर में कमी आई है। क्योंकि दस वर्ष पूर्व झारखण्ड में यह जनसंख्या 2,18,43,951 थी, जो 2001 में 2,69,45,829 हो गई।

देश की राष्ट्रीय स्वास्थ्य नीति 1983 के अनुसार 2000 ई. तक सबको स्वास्थ्य सुविधा उपलब्ध करा देने का लक्ष्य था। 2002 में दूसरी स्वास्थ्य नीति घोषित की गई। लेकिन 16 प्रतिशत आदिवासी इलाकों में उपकेन्द्र तथा प्राथमिक स्वास्थ्य केन्द्र उपलब्ध नहीं कराए गए हैं। कुष्ठ, टी.वी. तथा मलेरिया का प्रमाण आदिवासी क्षेत्रों और आदिवासी लोगों में सर्वाधिक पाया जाता है।

राज्य में रह रहे विभिन्न जनजातियों की सामाजिक, राजनीतिक, सांस्कृतिक जीवन में समानता परिलक्षित होती है, लेकिन उनकी आर्थिक स्थिति एकसमान नहीं है। उनके शिक्षा के प्रचार-प्रसार में भी काफी विभिन्नता पाई जाती है। कुछ ऐसी जनजातियाँ हैं जो आज भी शिक्षा, मकान, रोटी, बिजली, पेयजल, सड़क आदि की सुविधाओं से वंचित हैं। आज भी उनके आर्थिक जीवन में कोई विशेष परिवर्तन नहीं आया है। सरकार द्वारा संचालित सामाजिक, आर्थिक आदि सुविधाएँ निर्धन आदिवासियों तक समुचित रूप से नहीं पहुँच रही हैं।

## 2.3 झारखण्ड में आदिवासी स्वशासन की पृष्ठभूमि

### 2.3.1 उराँव समुदाय

झारखण्ड राज्य में निवास करने वाली उराँव जनजाति मुख्य रूप से राँची, गुमला, लोहरदगा, लातेहार, गढ़वा, हजारीबाग, संताल परगना आदि जिलों में निवास करती है। बिहार के अन्तर्गत इनकी कुछ आबादी रोहतास, बक्सर, दरभंगा, भभुआ, चंपारण, भागलपुर आदि जिलों में निवास करती है। ये प्रोटोआस्ट्रेलायड और द्रविड़ परिवार से सम्बन्धित माने जाते हैं। झारखण्ड राज्य में उराँव जनजाति की जनसंख्या जनजातियों की जनसंख्या के अनुसार दूसरे स्थान पर है। उराँव जनजाति से सम्बन्धित एक परम्परा यह है कि कोंकण प्रदेश इनके मूल निवास हैं। वे पश्चिमी तटीय भारतीय प्रदेश से उत्तर भारत की नदी घाटियों में प्रवेश किए। वे कृषक के

रूप में शाहबाद जिले में आ बसे। इसके बाद वे रोहतास आए। रोहतास से वे चेरो द्वारा भगा दिए गए। रोहतासवासी उराँव को दो भागों में विभाजित किया जाता है। एक भाग अपने जनजातीय नेता के साथ गंगा घाटी होते हुए राजमहल की पहाड़ियों में आ बसे। दूसरा समूह सोन नदी को पार करते हुए पलामू और राँची जिले में आ बसे। मुंडा और उराँव दोनों को नागवंशी शासकों द्वारा छोटानागपुर में बसाया गया। 1991 की जनगणना के अनुसार उराँव जनजाति की आबादी 11,37,656 है।

## सामाजिक स्थिति

उराँव परिवार सहयोगात्मक सम्बन्धों पर आधारित होता है। उराँव परिवार के आय में पत्नी-पति दोनों की भूमिका होती है। पिता की सम्पत्ति का बँटवारा पुत्रों के बीच होता है। लेकिन परिवार में लड़कियों की स्थिति काफी सम्मानीय होती है। इस समाज में जन्मोत्सव बहुत ही आनन्ददायक और स्मरणीय माना जाता है। बच्चे के जन्म के बाद माँ और बच्चे दोनों को पाँच दिनों तक दूषित माना जाता है। माँ के दूध का पहला बूँद भूमि को समर्पित किया जाता है, उसके बाद बच्चे को पिलाया जाता है। छठे दिन पूरे घर की सफाई की जाती है। इस अवसर पर जन्मोत्सव गीत भी गाए जाते हैं। उराँव समाज के लोगों में भूत-प्रेतों के प्रति विश्वास होता है। उन्हें ऐसा विश्वास है कि ओझा इन भूत-प्रेतों से उन्हें छुटकारा दिला सकता है। मृत्यु के बाद परिवार में 9 दिनों तक संस्कार चलता है। इन दिनों वे तेल, हल्दी और मांस का सेवन नहीं करते। 10वें दिन घर की सफाई होती है। इसके बाद लोग तेल, हल्दी आदि का सेवन प्रारम्भ कर देते हैं।

## आर्थिक स्थिति

उराँव जनजातियों के आर्थिक जीवन में कृषि, मजदूरी, वन्य उत्पाद एवं सेवाएँ शामिल हैं। इनकी कुछ निजी कृषि योग्य भूमि होती है, जिसे बाड़ी भूमि कहा जाता है। इनकी कृषि अन्य जनजातियों की तरह ही दोन और टाँड़ भूमि में विभाजित होती है। टाँड़ भूमि में धान, कुर्थी, मडुआ, मक्का, सुरगुजा आदि उपजाया जाता है। दोन भूमि में धान की फसल अच्छी होती है, क्योंकि बरसात के दिनों में इस भूमि में सिंचाई की आवश्यकता नहीं पड़ती है। उराँव समाज के अधिकांश लोग कृषि के बाद बेरोजगार हो जाते हैं और वे एक बड़ी संख्या में मजदूरी के लिए शहरों की ओर पलायन करते हैं। वनों की कटाई पर प्रतिबन्ध लग जाने के बाद उराँव के लिए वन्य उत्पाद के अवसर भी समाप्त हो गए हैं। इस समुदाय के लोग अन्य जातियों तथा जनजातियों के लिए अपनी सेवाएँ भी प्रदान करते हैं। वे लोहरा, महली, करमाली, कुम्हार आदि के घरों में सेवक के रूप में मजदूरी करते हैं। उन्हें वार्षिक वेतन के

रूप में कुछ राशि मिलती है। कुछ उराँव समुदाय के शिक्षित व्यक्ति सरकारी सेवाओं में भी कार्यरत हैं, जिसके कारण उनकी आर्थिक स्थिति बेहतर कही जा सकती है।

## 2.3.2 मुंडा समुदाय

झारखण्ड में पाई जाने वाली जनजातियों में मुंडा जनजाति सर्वाधिक प्रमुख जनजाति है। जिसका झारखण्ड के ऐतिहासिक परिदृश्य में एक पृथक् पहचान है। झारखण्ड की प्रमुख जनजातियों में मुंडा की जनसंख्या तीसरे स्थान पर है। मुंडा जनजाति प्रमुख रूप से राँची, हजारीबाग, पलामू, गुमला, सिंहभूम, संताल परगना और गिरिडीह में पाई जाती है। बिहार के अन्तर्गत इनकी कुछ आबादी रोहतास, भभुआ, बक्सर, भोजपुर और पूर्णिया जिले में निवास करती है। मुंडा जनजाति प्रोटोआस्ट्रेलायड परिवार से सम्बन्धित हैं और वे आस्ट्रो एशियाटिक परिवार की भाषा मुंडारी बोलते हैं। मुंडा जनजाति से सम्बन्धित ऐतिहासिक प्रमाणों की उपलब्धता यह दर्शाते हैं कि वे झारखण्ड में उत्तरी-पश्चिमी भारत से भ्रमणकाल के दौरान आए। जब छोटानागपुर में आर्यों का प्रसार होने लगा तब वे आजमगढ़ आ गए फिर वहाँ से वे सोन नदी पार कर छोटानागपुर पहुँचे। छोटानागपुर में उन्होंने स्थानान्तरित कृषि को अपने आर्थिक जीवन का मानदण्ड बनाया। मुंडाओं की ग्रामों में यह व्यवस्था खुंटकट्टी कहलाती है। उनके जनजातीय समाज में प्रत्येक गाँव का एक मुखिया मुंडा कहलाता है। 1991 की जनगणना के अनुसार मुंडाओं की कुल आबादी 8,99,162 है।

### सामाजिक स्थिति

मुंडा जनजाति की सामाजिक व्यवस्था पारिवारिक श्रद्धा और विश्वास पर आधारित होती है। मुंडा समाज में लगभग 340 गोत्र पाए जाते हैं, जिनमें प्रमुख गोत्र—भेगरा, बोदरा, पर्ती, हंस, कंदरू, आईद, जिरहुल, मुंडरी आदि हैं। इस समाज में विवाह की बात विवाह योग्य पुत्र अथवा पुत्री के पिता द्वारा प्रारम्भ की जाती है। पिता अपने पुत्र के विवाह का प्रस्ताव लड़की के पिता के पास रखता है। प्रस्ताव स्वीकृत होने के बाद कन्या मूल्य निश्चित किया जाता है। यदि कन्या मूल्य अथवा दहेज नकद राशि में हो तो यह 101 रु. से 251 रु. तक होता है। यदि यह अन्य मद में हो तो उसमें कपड़े, चावल, दाल, सब्जियाँ और बकरा शामिल होता है।

### आर्थिक स्थिति

मुंडा जनजाति का आर्थिक जीवन एक मिश्रित अर्थव्यवस्था का उदाहरण देखने को मिलता है, जिसमें कृषि, मजदूरी, मछली मारना और वन्य उत्पादों का जमा करना शामिल है। अन्य जनजातियों की तरह मुंडाओं के पास भी दोन और टाँड़ भूमि होती

है। नई फसल कटाई के अवसर पर मुंडा समाज में हड़िया और अन्य भोज्य पदार्थ खाने-पीने की परम्परा है। खेती से उन्हें उतनी आय अथवा खाद्यान्न प्राप्त नहीं होती, जिससे साल भर उनका जीवन-यापन हो सके। वर्ष में सात से आठ महीने वे खेती कार्य में लगे रहते हैं। शेष चार-पाँच महीने उनकी आर्थिक स्थिति मजदूरी और वन्य उत्पादों पर निर्भर करती है।

### 2.3.3 संताल समुदाय

झारखण्ड में निवास करने वाली एक प्रमुख जनजाति संताल प्रमुख रूप से संताल परगना, सिंहभूम, हजारीबाग, गिरिडीह, धनबाद और राँची जिले में पाई जाती है। बिहार के अन्तर्गत इनकी कुछ आबादी पूर्णिया, भागलपुर, सहरसा आदि जिलों में निवास करती है। संताल प्रोटोआस्ट्रेलायड परिवार से सम्बन्धित माने जाते हैं और वे मुंडा समाज की भाषा बोलते हैं जो आस्ट्रोएशियाटिक परिवार से सम्बन्धित होता है। वे हिन्दी, बंगाली आदि भी बोल लेते हैं। झारखण्ड में पाई जाने वाली जनजातियों में सबसे बड़ी जनजाति के रूप में संताल ही हैं। 1991 की जनगणना के अनुसार इनकी आबादी 20,67,039 है।

#### सामाजिक स्थिति

संताल परिवार पारिवारिक सहयोग और मधुर सम्बन्धों पर आधारित होता है। इनके समाज में एकल विवाह की प्रथा प्रचलित है। लेकिन बहुविवाह के भी कुछ उदाहरण देखने को मिलते हैं। संताल समाज में जन्मोत्सव काफी धूमधाम से मनाया जाता है। इस अवसर पर संताल समुदाय के सदस्य धूमधाम से खान-पान में हिस्सा लेते हैं। इस समाज में मृत्यु को एक विश्वव्यापी सत्य माना जाता है। बुढ़ापे से पूर्व मृत्यु को संताल समाज में अच्छा नहीं माना जाता है। ये पुनर्जन्म में काफी विश्वास करते हैं।

#### आर्थिक स्थिति

अन्य जनजातियों की तरह संतालों की आर्थिक संरचना भी कृषि, वन्य उत्पादों और मजदूरी से सम्बन्धित होती है। कुछ संताल परिवारों के पास कृषि योग्य थोड़ी-बहुत भूमि होती है जो उनके घरों के आसपास स्थित होती है, इसे बारी भूमि कहा जाता है। इनकी कृषि योग्य भूमि दो प्रकार की होती है—दोन और टाँड़। संताल समुदाय के लोगों द्वारा नकद राशि प्राप्त करने के लिए नकदी फसलों जैसे—आलू, टमाटर, बैंगन, मूली, प्याज आदि भी उपजाने लगे हैं। वर्ष भर में छह से आठ महीने तक कृषिगत कार्यों में इस समुदाय के लोग लगे रहते हैं। लेकिन शेष महीनों में उनके आर्थिक आय का प्रमुख स्रोत मजदूरी और अन्य वन्य उत्पादों की बिक्री पर निर्भर

हो जाता है। लेकिन वनों के संरक्षण सम्बन्धी कानून पारित हो जाने के बाद वन्य उत्पादों एवं वनों की कटाई पर प्रतिबन्ध लगा दिया गया है। इन दिनों कुछ संताल समुदाय के लोग शिक्षा प्राप्त कर विभिन्न प्रकार की सरकारी सेवाओं में कार्यरत हैं।

## 2.3.4 पहाड़िया समुदाय

यह जनजाति प्रमुख रूप से संताल परगना प्रमण्डल में निवास करती है। 1981 की जनगणना के अनुसार झारखण्ड में माल पहाड़िया की आबादी 76,807 थी। संताल परगना के अलावा यह जनजाति धनबाद, गिरिडीह, हजारीबाग, पलामू, राँची तथा सिंहभूम में थोड़ी आबादी इनकी पाई जाती है। संताल परगना के अन्तर्गत माल पहाड़िया मुख्य रूप से दुमका और पाकुड़ जिला में है। माल पहाड़िया की बोली माल्टो है जो द्रविड़ परिवार से सम्बन्ध रखती है।

### सामाजिक स्थिति

माल पहाड़िया का परिवार एकल परिवार होता है, जिसमें पुरुष, पत्नी तथा बच्चे शामिल होते हैं। इनमें संयुक्त परिवार ही कहीं-कहीं पाया जाता है। परिवार पितृसत्तात्मक होता है। पिता परिवार का मुखिया और सम्पत्ति का स्वामी होता है। इस जनजाति के बीच विवाह एक महत्त्वपूर्ण अवसर है। जब लड़के विवाह योग्य हो जाते हैं तो लड़का का पिता कन्या ढूँढ़ता है। इनके बीच कई प्रकार के विवाह प्रचलित हैं जैसे—कन्या मूल्य चुका कर विवाह, बलपूर्वक या प्रेम विवाह, गोलट विवाह, सेवा विवाह और दत्तक विवाह।

माल पहाड़िया के सामाजिक जीवन में जन्म का काफी महत्त्व है। गर्भवती महिला को अकेली जंगल जाने नहीं दिया जाता, क्योंकि उनके बीच ऐसी मान्यता है कि इन स्थानों पर दुष्ट आत्माएँ रहती हैं। माल पहाड़िया के बीच ऐसा विश्वास है कि मृत्यु के बाद परिवार के साथ व्यक्ति अदृश्य रूप में निवास करता है। इसलिए घरों में मृतक पूर्वजों को चूल्हा के पास विशेष स्थान दिया जाता है। आत्मा की शान्ति के लिए मृतक के साथ चावल, मांस या एक-दो अण्डे दफना दिए जाते हैं।

### आर्थिक स्थिति

वनों से घिरे पहाड़ियों में निवास करने वाले माल पहाड़ियों की जीविका के मुख्य साधन शिकार, खाद्य संग्रह और झूम की खेती है। इसके अलावा वन उत्पाद की बिक्री द्वारा भी कुछ आय प्राप्त हो जाती है। इस जनजाति के जीविकोपार्जन का मुख्य साधन कुरूआ खेती है। इनका जीवन वन उत्पादों के संग्रहण और दोहन पर भी आश्रित है। ये पहाड़ों पर बाड़ी भूमि को जोतते हैं। इस पर वे बरबटी, बाजरा, मकई

और अरहर मुख्य रूप से उपजाते हैं। खेती एवं अन्य स्रोतों से इन्हें प्राप्त आय नहीं हो पाती है जिसके कारण वे महाजन और सूदखोरों के चंगुल में बहुत आसानी से फँस जाते हैं। सरकार ने इनकी आर्थिक स्थिति में सुधार के लिए कल्याणकारी योजनाएँ चला रखी हैं।

### 2.3.5 हो समुदाय

झारखण्ड राज्य के कोल्हान अथवा वर्तमान सिंहभूम जिले में 'हो' जनजाति निवास करती है। उनकी परम्परा के अनुसार उनके परिवार मुंडा के समान समूह के रूप में छोटानागपुर से कोल्हान आए। हो जनजाति प्रोटोआस्ट्रेलायड समूह से सम्बन्धित है तथा वे मुंडारी परिवार की भाषा बोलते हैं। हो जनजाति योद्धा जनजाति के रूप में प्रसिद्ध है। इन्होंने ब्रिटिश शासन के शोषण के खिलाफ कोल्हान क्षेत्र में भयंकर विद्रोह किया था। इस जनजाति के आवास अधिकतर नदियों के किनारे अथवा झरनों के किनारे बने होते हैं। उनके जीवन में अखरा का काफी महत्त्व है। गाँव की सार्वजनिक बैठकें या ग्रामीण पंचायत अखरा में ही बैठती है। इनके द्वारा पूज्य वृक्ष वाटिका सरना गाँव के बाहर स्थित होती है जो स्थान सासन कहलाता है। उनका ग्राम देवता जहेरा के नाम से जाना जाता है। 1991 की जनगणना के अनुसार झारखण्ड में इनकी आबादी 6,30,378 है।

#### सामाजिक स्थिति

अन्य जनजातियों की तरह हो जनजाति में भी परिवार समाज की सबसे छोटी इकाई के रूप में स्थापित है। हो जनजाति में पिता की स्थिति मुखिया के समान होती है। इस जनजाति के सभी पुरुष महिलाएँ और बच्चे अपनी क्षमता के अनुसार पारिवारिक कार्यक्रमों अथवा कार्यों में भाग लेते हैं। हो समाज के विवाह संस्कार में गोत्र सम्बन्धी बन्धन का उल्लंघन स्वीकृत नहीं होता। इस जनजाति में अन्य जनजातियों के साथ विवाह की अनुमति प्राप्त नहीं है।

#### आर्थिक स्थिति

हो जनजाति की आर्थिक स्थिति कृषि, मजदूरी आदि पर निर्भर है। इस जनजाति के कुछ सदस्य  उद्योगों और खनन के क्षेत्र में श्रमिकों के रूप में भी कार्यरत हैं। उनकी भूमि दो वर्गों में विभाजित है—दोन और टाँड़। खेती के दौरान वे मजदूरों अथवा खेतिहरों का एक-दूसरे परिवार से विनिमय कर लेते हैं। उनके खेतों में सिंचाई की सुविधा नहीं होने के कारण वे रबी और चने का उत्पादन नहीं कर पाते हैं।

# भाग-3

## 3.1 झारखण्ड पंचायती राज एक्ट

झारखण्ड राज्य अलग होने के बाद झारखण्ड पंचायती राज एक्ट लागू कर सरकार ने सत्ता के विकेन्द्रीकरण के संवैधानिक दायित्वों के प्रति अपनी सहमति और प्रतिबद्धता जताई। झारखण्ड के अनुसूचित क्षेत्र में ग्रामसभाओं को व्यापक अधिकार देने की कोशिश की गई। वर्तमान पंचायती राज एक्ट झारखण्ड की शोषितों, दलितों और उत्पीड़ित आबादी के लिए कितनी कारगर होगी, यह सभी के लिए एक चुनौती का विषय है।

## झारखण्ड पंचायती राज एक्ट 2001 के कुछ प्रमुख प्रावधान

- ग्रामसभाओं को सामाजिक और आर्थिक विकास के लिए योजनाओं तथा कार्यक्रमों और परियोजनाओं को अनुमोदित करने का अधिकार प्रदान करता है। साथ ही, गरीबी उन्मूलन और अन्य कार्यक्रमों के लिए लाभुकों की पहचान एवं चयन का अधिकार प्रदान करता है। योजनाओं के चयन, अनुमोदन तथा प्राथमिकता निर्धारण का अधिकार देता है।
- ग्रामसभाओं में महिलाओं की उपस्थिति सुनिश्चित करने हेतु ग्रामसभाओं (सामान्य और अधिसूचित क्षेत्र दोनों में) की बैठक में एक-तिहाई महिला सदस्यों की उपस्थिति को गणपूर्ति (कोरम) के लिए अनिवार्य माना गया है।
- अनुसूचित क्षेत्रों में मुखिया या पंचायत के सदस्यों को ग्रामसभाओं की अध्यक्षता करने से वर्जित किया गया है। इसकी जगह परम्परागत गाँवों के मुखिया (महतो, मांझी, मुंडा आदि) को अध्यक्षता करने का प्रावधान है। इससे परम्परागत व्यवस्था को नई व्यवस्था में एकीकृत करने का प्रयास किया गया है। इससे निर्वाचित प्रतिनिधियों का हस्तक्षेप भी ग्रामसभाओं में कम होगा और ग्रामसभाएँ स्वायत्त रूप से अपना कार्य कर सकेंगी, परन्तु सामान्य क्षेत्र में मुखिया, उप-मुखिया ही ग्रामसभा की अध्यक्षता करेंगे। ग्रामसभा की बैठक की अध्यक्षता मुखिया और उनकी अनुपस्थिति में उप-मुखिया और दोनों की अनुपस्थिति में बैठक में उपस्थित ग्रामसभा

सदस्यों के बहुमत से इस कार्य के लिए अध्यक्ष चुने जा सकते हैं।

- झारखण्ड पंचायत एक्ट में ग्राम विकास समिति, सार्वजनिक संपदा समिति, आधारभूत संरचना समिति, शिक्षा समिति एवं सामाजिक न्याय समिति तथा निगरानी समितियों के गठन का प्रावधान है। इन समितियों से ग्रामसभा में अधिक लोगों की भागीदारी एवं अपने कर्त्तव्यों के निर्वहन तथा अधिकारों के प्रयोग में ग्रामसभाएँ ज्यादा प्रभावी हो सकेंगी। इसके अलावा ग्रामसभा अपने स्तर से अन्न कोष, श्रम कोष, वस्तु कोष तथा नकद कोष का प्रावधान कर सकती हैं। इससे ग्रामसभाओं की स्वायत्तता बढ़ेगी।
- अनुसूचित क्षेत्रों में ग्रामसभाएँ अपनी परम्पराओं, रूढ़ियों, सांस्कृतिक पहचान और सामुदायिक-सांस्कृतिक स्थलों (सरना, मसना, जोहरपान आदि) तथा विवादों के निवारण के पारम्परिक तरीकों के लिए (जो संवैधानिक दृष्टिकोण से असंगत न हो) ग्राम पंचायत, पंचायत समिति एवं जिला परिषद् के समक्ष प्रस्ताव ला सकती है। यह प्रावधान महत्त्वपूर्ण है और समुदायों के अधिकारों को मान्यता दी गई है।
- अनुसूचित क्षेत्रों में ग्रामसभाओं तथा ऊपर के स्तर के पंचायतों को स्थानीय योजना, जनजातीय उपयोजना के स्रोतों पर नियंत्रण, लघु जल निकायों की योजना और प्रबंधन, लघु जलाशयों का विनियमन, वन, बाजार आदि पर महत्त्वपूर्ण अधिकार दिए गए हैं।
- ग्रामसभा द्वारा अनुमोदित योजना में पंचायत द्वारा किए गए व्यय का प्रमाण-पत्र ग्रामसभाओं से प्राप्त करने का प्रावधान रखा गया है। इसके अलावा ग्रामसभाएँ पंचायत के अंकेक्षण रिपोर्ट तथा वाणिज्य लेखाओं पर भी विचार कर सकेंगी। झारखण्ड पंचायती राज एक्ट ग्रामसभा की सिफारिशों को ग्राम पंचायतों द्वारा मानने के लिए बाध्यकारी बनाती है।
- झारखण्ड पंचायती राज एक्ट में ग्रामसभा और पंचायतों को लघु और गौण वन उपजों पर स्वामित्व तो नहीं दिया गया है, लेकिन उसके प्रबन्धन और अनुरक्षण का कर्त्तव्य सौंपा गया है।
- अनुसूचित क्षेत्र में अनुसूचित जनजातियों में कर्ज पर नियंत्रण करने की शक्ति ग्रामसभा और पंचायत को नहीं देकर जिला परिषद् को सौंपी गई है। लेकिन जिला परिषद् को सूदखोरी जैसे अपराधों पर मात्र निगरानी का अधिकार प्रदान करके शक्ति को काफी संकुचित और सीमित कर दिया गया है।

## 3.2 अनुसूचित क्षेत्रों में स्वशासी व्यवस्था

24 दिसम्बर, 1996 को राष्ट्रपति ने अनुसूचित क्षेत्रों के लिए पंचायतों के नए कानून को मंजूरी दे दी है। इसके साथ ही पंचायतों के बारे में संविधान के भाग 9 में दी गई

है। यह व्यवस्था महत्त्वपूर्ण फेरबदल के साथ अनुसूचित क्षेत्रों में लागू कर दी गई।

- परम्परागत आदिवासी व्यवस्था को संवैधानिक मान्यता इस कानून की पहली उल्लेखनीय बात है कि इसमें आदिवासी स्वशासी व्यवस्था की मुख्य बातें औपचारिक रूप से कानून में शामिल की गई है कि (धारा 4) राज्य का विधान मण्डल ऐसा कोई भी कानून नहीं बनाएगा जो उनसे असंगत हो।
- प्रत्येक ग्रामसभा समाज की परम्परा, उनकी सांस्कृतिक पहचान, सामुदायिक सम्पदा और विवादों को निपटाने की परम्परागत व्यवस्था को बनाए रखने और उनके मुताबिक कामकाज चलाने के लिए सक्षम होगी। (धारा 4)

(क) इस केन्द्रीय कानून के तहत ग्रामसभाओं को तीन तरह के अधिकार सीधे सौंपे गए हैं–

- विकास के काम
- खर्चे पर निगरानी
- भू-अर्जन से पहले परामर्श

(ख) विधान मण्डलों द्वारा अपेक्षित कानूनी अधिकार–

- मद्यपान वगैरह
- आदिवासियों की भूमि रक्षा
- लघु वनोपज पर मालिकाना हक
- पानी का अधिकार
- खनिजों के मामले में पूर्वेक्षण के लिए अनुमति तथा खनन के लिए पट्टा देने के पहले ग्रामसभा की सिफारिश अनिवार्य है।
- आदिवासियों को दिए जाने वाले कर्जे की पूरी व्यवस्था पर ग्रामसभा का नियन्त्रण माना गया है।

## 3.3 संताल परगना टेनेंसी एक्ट 1908 और छोटानागपुर टेनेंसी एक्ट 1908 के प्रावधान

संताल परगना टेनेंसी एक्ट 1908 में ग्राम प्रधानों की नियुक्ति का प्रावधान है। एक्ट के मुताबिक, ग्राम प्रधान का अर्थ है ऐसा व्यक्ति जिसे इस एक्ट से पूर्व या बाद में उपायुक्त या समर्थ अधिकारी द्वारा नियुक्त किया गया है, जो प्रधान, मस्ताजहूर, मांझीहीपोड़ के नाम से जाने जाते हों, लेकिन जिसमें मूलरैयत शामिल नहीं हो।

इस एक्ट के नियमों के तहत ग्राम प्रधानों की नियुक्ति गाँव की परम्पराओं के मुताबिक की जाएगी और वे सामान्यतया रैयतों को स्वीकार्य होंगे। साथ ही यह

भी रेखांकित किया गया है कि यह पद वंशानुगत होगा। ग्राम प्रधान को एक पट्टा दिया जाता है और उन्हें एक कबूलियत करार करनी होगी। ग्राम प्रधान कबूलियत के मुताबिक अपने कर्त्तव्यों का निर्वाह करेंगे। उन्हें ग्राम समुदाय के सामान्य अधिकारों का सच्चा संरक्षक माना जाता है। बन्दोबस्ती प्रक्रिया के दौरान तैयार किए गए अधिकार दस्तावेज में प्रधान के कर्त्तव्यों और अधिकारों को सूचीबद्ध किया गया है और इसके अन्तर्गत पुलिस ड्यूटी, लगान की अदायगी/भुगतान, डैम, टैंक का निर्माण में रैयतों की मदद और चरागाहों का संरक्षण जैसे दायित्व शामिल है। इन प्रावधानों के कारण परम्परागत नेताओं एवं निर्वाचित पंचायत प्रधानों के बीच मतभेद ज्यादा जटिल हो सकते हैं। इसी तरह छोटानागपुर टेनेंसी एक्ट में ग्राम प्रधानों के अधिकार एवं दायित्वों को 'रिकॉर्ड ऑफ राइट्स' का हिस्सा माना गया है। ये प्रधान, मांझी जैसे नामों से जाने जाते हैं।

## 3.4 विल्किनसन रूल

- व्यक्तिगत अथवा स्थायी सम्पत्ति से सम्बन्धित तीन सौ रुपये मूल्य तक के और उससे नीचे मूल्य के दीवानी मुकदमे मुन्सिफ या ग्रामीण मुखियाओं अथवा ऐसे व्यक्तियों द्वारा जिन्हें मुन्सिफी अधिकार दिए जाएँगे निर्णय देने का अधिकार होगा। परन्तु, कचहरियों के कर्मचारियों, यूरोपियन और अमेरिकन पार्टी के मुकदमे इनके अपवाद होंगे। ऐसे सम्पत्ति का केस जिन्हें कर मुक्त रखा गया हो और जायदाद की सम्पूर्ण मूल्य का प्रश्न न उठकर व्यक्तिगत क्षति या नुकसान का मामला हो वे मुफसिल आधार पर भी मुन्सिफों के अधीन नहीं दिया जाएगा। ऐसे केस सीधे गवर्नर जनरल के एजेन्ट के सहायकों के ही सुपुर्द किए जाएँगे।
- किसी भी मूल्य के दीवानी मुकदमे साधारणतः उसी क्षेत्र में स्थित सहायक अदालतों में दायर होंगे, जिस क्षेत्र में उक्त मुकदमा अथवा उसकी प्रतिक्रिया उठ रही हो और जहाँ पार्टी का निवास हो। परन्तु गवर्नर का एजेन्ट, यदि आवश्यक समझे या जरूरत पड़े तो किसी भी मुकदमे को आरम्भ से ही अपनी अदालत में दर्ज करा सकते हैं। ऐसे मुकदमों अथवा वे मुकदमे और अपील निम्न अदालतों से उसके यहाँ आए हों उन्हें सुनने और फैसला देने का उसे पूर्ण अधिकार है।
- किसी भी प्रकार की व्यक्तिगत सम्पत्ति के दीवानी मुकदमे की सुनवाई जो इस नियमादेश के लागू होने की तिथि से छह वर्ष पूर्व आरंभ किए गए हों, उसी क्षेत्र के किसी भी अदालत में नहीं की जाएगी। 12 वर्ष पूर्व के सभी वास्तविक सम्पत्ति के केसों के लिए यही नियम लागू होगा। समाहर्त्ता के अधिकार रखने वाले अदालत सहायकों द्वारा सुने जाने और निर्णित होने

वाले सभी मुकदमे शुरू होने से एक वर्ष के अंदर ही दर्ज होनी चाहिए।

- ऐसे मामले जो एजेन्ट के अदालत में दाखिल सुने और निर्गत किए गए और उनमें 5000/-रुपये से अधिक राशि की लेन-देन की बात रही हो और कोई एक पार्टी निर्णय से असन्तुष्ट हो तथा एजेन्ट को भी अपने ही निर्णय की उचिताई पर सन्देह करे तो वह पार्टी से 250/- रुपये मूल्य के स्टैम्प पेपर में कैश के सभी मूल कागजातों के साथ आवेदन स्वीकार करेंगे। वे इन्हें फारसी भाषा में अनुवाद और लिपिबद्ध करके सभी कागजातों के साथ सदर दीवानी को भेज देंगे। अन्य नियमावली की भिन्नता के रहते हुए भी ऐसे मामलों पर सदर दीवानी ही जाँच-पड़ताल और निर्णय देंगे।
- सभी मुकदमों में जो अदालत में दर्ज होंगे सम्पत्ति के मूल्य का दावा और उसका सूद वाद पत्र में ही स्पष्ट अंकित होना चाहिए। वाद पत्र के दर्ज हो जाने पर अदालत प्रतिवादी को व्यक्तिगत रूप से अथवा अपने प्रतिनिधि को व्यक्तिगत रूप से अथवा अपना प्रतिनिधि भेजकर निश्चित तिथि या उससे पहले अदालत में उपस्थित होने का सम्मन या नोटिस जारी करेगा। इस तरह का सम्मन या नोटिस उस गाँव के मुंडा अथवा जागिर के प्रधान द्वारा जहाँ प्रतिवादी का निवास है। अदालत के जमादार कें जरिये तामील की जाएगी। अदालत जमादार के द्वारा ही निश्चित तिथि को नोटिस उसके तामील के प्रतिवेदन के साथ अदालत को वापस किया जाएगा।
- यदि प्रतिवादी उपस्थित होकर वाद पत्र या नालिश जवाब दे दें तो अदालत मामले के आधार और महत्त्व को निर्धारित करने के लिए पार्टियों से उचित पूछताछ करेगा और उसका लेखा रखेगा। सभी अदालत मामले में तहकीकात का आदेश देगा तथा दोनों पार्टियों को सुनवाई की तिथि सूचित करेगा। इन मामलों में जहाँ प्रतिवादी, वादी के दावे की सत्यता स्वीकार कर लेगा, बहस की आवश्यकता नहीं होगी।

### 3.5 झारखण्ड में अनुसूचित क्षेत्र की विशिष्टता

अनुसूचित क्षेत्र के रूप में पाँचवीं योजना में आदिवासी विकास के प्रयासों को तेज करने की दृष्टि से विभिन्न राज्यों और संघ राज्य क्षेत्रों में वर्तमान अनुसूचित क्षेत्रों के अलावा पचास फीसदी से अधिक आदिवासी आबादी वाले सभी इलाकों को रेखांकित किया गया है। आदिवासी उपयोजना के तहत इन इलाकों के लिए विशेष कार्यक्रम बनाए गए हैं। प्रत्येक राज्य ने राज्य की योजना से उपयोजना इलाके के लिए निवेश के स्तर का आकलन किया है। पाँचवीं पंचवर्षीय योजना की अवधि के लिए दो सौ करोड़ रुपये की विशेष केन्द्रीय सहायता आदिवासी विकास के लिए रखी गई है।

नई कार्यनीति के अनुसार प्रत्येक परियोजना क्षेत्र के लिए उसकी विशेष

समस्याओं को देखते हुए विशेष कार्यक्रम बनाना है, जिनमें अवैध भूमि हस्तान्तरण, बन्धुआ मजदूरी, ऋणग्रस्तता इत्यादि शामिल है। संविधान की पाँचवीं अनुसूची में आदिवासी इलाकों के प्रशासन के लिए विशेष प्रावधान है। पाँचवीं अनुसूची में दी गई शक्तियों को विकास कार्यक्रमों के कारगर क्रियान्वयन और विभिन्न रूपों में व्याप्त शोषण की तत्काल समाप्ति के लिए उपयोग किया जा सकता है। अनुसूचित क्षेत्रों वाले राज्यों के उपयोजना इलाकों की समीक्षा से स्पष्ट है कि अधिकतर उपयोजना वाले इलाके अनुसूचित हैं, परन्तु कई इलाके अनुसूचित नहीं हैं। इससे उपयोजना के पूरे इलाके में एक साथ कारगर कार्रवाई न हो सकने की आशंका से विसंगतिपूर्ण स्थिति पैदा हो गई है।

पाँचवीं अनुसूची के पैरा 6 (1) के तहत राष्ट्रपति किसी भी इलाके को आदेश द्वारा अनुसूचित क्षेत्र घोषित कर सकता है। पैरा 6 (2) के तहत वह अनुसूचित क्षेत्र में केवल सीमाओं के परि  ्न के रूप में ही परिवर्तन कर सकता है, उपयोजना में शामिल सभी इलाकों को बढ़ा सके। संविधान की पाँचवीं अनुसूची के अनुच्छेद 244 (1) के तहत अनुसूचित क्षेत्रों और अनुसूचित जनजातियों के प्रशासन और नियन्त्रण के बारे में जो उपबन्ध किए गए हैं वे चार भागों में विभक्त हैं–

**भाग-क : साधारण**

1. निर्वच–इस अनुसूची में, जब तक कि सन्दर्भ अन्यथा अपेक्षित न हों–राज्य पद के अन्तर्गत असम, मेघालय, त्रिपुरा और मिजोरम राज्य नहीं हैं।
2. अनुसूचित क्षेत्रों में किसी राज्य की कार्यपालिका शक्ति–इस अनुसूची के उपबन्धों के अधीन रहते हुए किसी राज्य की कार्यपालिका शक्ति का विस्तार उसके अनुसूचित क्षेत्रों पर है।
3. अनुसूचित क्षेत्रों के प्रशासन के सम्बन्ध में राष्ट्रपति को राज्यपाल द्वारा प्रतिवेदन–ऐसे प्रत्येक राज्य का राज्यपाल जिसमें अनुसूचित क्षेत्र हैं, प्रतिवर्ष या जब भी राष्ट्रपति को प्रतिवेदन देगा और संघ की कार्यपालिका शक्ति का विस्तार राज्य को उक्त क्षेत्रों के प्रशासन के बारे में निर्देश देने तक होगा।

**भाग-ख : अनुसूचित क्षेत्रों और अनुसूचित जनजातियों का प्रशासन और नियंत्रण**

## 3.6 जनजाति सलाहकार परिषद्

(1) ऐसे प्रत्येक राज्य में, जिसमें अनुसूचित क्षेत्र हैं और यदि राष्ट्रपति ऐसा निर्देश दे तो, किसी ऐसे राज्य में भी जिसमें अनुसूचित जनजातियाँ हैं,

किन्तु अनुसूचित क्षेत्र नहीं हैं, एक जनजाति सलाहकार परिषद् गठित की जाएगी। जो बीस से अधिक सदस्यों से मिलकर बनेगी। जिनमें से यथासम्भव निकटतम तीन-चौथाई उस राज्य की विधानसभा के अनुसूचित जनजातियों के प्रतिनधि होंगे। परन्तु यदि उस राज्य की विधानसभा में अनुसूचित जनजातियों के प्रतिनिधियों की संख्या जनजाति सलाहकार परिषद् में ऐसे प्रतिनिधियों से भरे जाने वाले स्थानों की संख्या कम है तो शेष स्थान उन जनजातियों के अन्य सदस्यों से भरे जाएँगे।

(2) जनजाति सलाहकार परिषद् का यह कर्त्तव्य होगा कि वह उस राज्य की अनुसूचित जनजातियों के कल्याण और उन्नति से सम्बन्धित ऐसे विषयों पर सलाह दे जो उसको राज्यपाल द्वारा निर्दिष्ट किए जाएँ।

## 3.7 अनुसूचित क्षेत्रों को लागू विधि

(1) इस संविधान में किसी बात के होते हुए भी राज्यपाल लोक अधिसूचना द्वारा निर्देश दे सकेगा कि संसद का या उस राज्य के विधानमण्डल का कोई विशिष्ट अधिनियम उस राज्य के अनुसूचित क्षेत्र या उसके किसी भाग को लागू नहीं होगा। अथवा उस राज्य के अनुसूचित क्षेत्र या उसके किसी भाग को ऐसे अपवादों और उपान्तरणों के अधीन रहते हुए लागू होगा जो वह अधिसूचना में विनिर्दिष्ट करे और इस उपपैरा के अधीन दिया गया कोई निदेश इस प्रकार दिया जा सकेगा कि उसका भूतलक्षी प्रभाव हो।

(2) राज्यपाल किसी राज्य में किसी ऐसे क्षेत्र की शान्ति और सुशासन के लिए विनियम बना सकेगा जो तत्समय अनुसूचित क्षेत्र है।

## भाग-ग : अनुसूचित क्षेत्र–

## 3.8 अनुसूचित क्षेत्र

(1) इस संविधान में अनुसूचित क्षेत्र पद से ऐसे क्षेत्र अभिप्रेत हैं जिन्हें राष्ट्रपति आदेश द्वारा अनुसूचित क्षेत्र घोषित करे।

(2) राष्ट्रपति किसी भी समय आदेश द्वारा निदेश दे सकेंगे कि कोई सम्पूर्ण अनुसूचित क्षेत्र या उसका कोई विनिर्दिष्ट भाग अनुसूचित क्षेत्र या ऐसे क्षेत्र का भाग नहीं रहेगा। किसी राज्य के किसी अनुसूचित क्षेत्र के दायरे को उस राज्य के राज्यपाल से परामर्श करने के पश्चात् बढ़ा सकेगा। किसी अनुसूचित क्षेत्र में, केवल सीमाओं का परिशोधन करके ही परिवर्तन कर सकेगा। किसी राज्य की सीमाओं के किसी परिवर्तन पर या संघ में किसी नये राज्य के प्रवेश पर या नये राज्य की स्थापना पर ऐसे क्षेत्र को, जो पहले

से किसी राज्य में सम्मिलित नहीं हैं। अनुसूचित क्षेत्र या उसका भाग घोषित कर सकेगा। किसी राज्य या राज्यों के सम्बन्ध में इस पैरा के अधीन किए गए आदेश या आदेशों को विखण्डित कर सकेगा और सम्बन्धित राज्य के राज्यपाल से परामर्श करके क्षेत्रों को जो अनुसूचित क्षेत्र होंगे, पुनः परिनिश्चित करने के लिए नये आदेश कर सकेगा और ऐसे किसी आदेश में ऐसे आनुषंगिक और पारिणामिक उपबन्ध हो सकेंगे जो राष्ट्रपति को आवश्यक और उचित प्रतीत हों, किन्तु जैसा ऊपर कहा गया है उसके सिवाय इस पैरा के उप पैरा (1) के अधीन किए गए आदेश में किसी पश्चात्वर्ती आदेश द्वारा परिवर्तन नहीं किया जा सकेगा।

## भाग-घ : अनुसूचित का संशोधन

### 3.9. अनुसूचित का संशोधन

(1) संसद समय-समय पर विधि द्वारा इस अनुसूची के उपबन्धों में से किसी का परिवर्धन, परिवर्तन या निरसन के रूप में संशोधन कर सकेगी और जब अनुसूची का इस प्रकार संशोधन किया जाता है तब इस संविधान में इस अनुसूची के प्रति किसी निर्देश का यह अर्थ लगाया जाएगा कि इस प्रकार संशोधित ऐसी अनुसूची के प्रति निर्देश है।

(2) ऐसी कोई विधि, जो इस पैरा के उप पैरा (1) में उल्लिखित है, इस संविधान के अनुच्छेद 368 के प्रयोजनों के लिए इस संविधान का संशोधन नहीं समझा जाएगा।

झारखण्ड पंचायत राज उपबन्ध अधिनियम 2001 एवं संशोधित अधिनियम 2003 में पंचायत उपबन्ध विस्तार अधिनियम पेसा 1996 के प्रावधानों को नजरअन्दाज करते हुए ऐसे प्रावधान शामिल किए गए जिनसे इसकी मूल भावना ही लगभग समाप्त हो गई है। जबकि पाँचवीं अनुसूची अनुच्छेद 244 (1) के मुताबिक इसमें परिवर्तन राज्यपाल ही कर सकेंगे, वह भी राष्ट्रपति की सहमति के पश्चात् ही। लेकिन झारखण्ड सरकार की नौकरशाही ने मनमाने परिवर्तन करते हुए पेसा 1996 और पाँचवीं अनुसूची की भावना के विपरीत कार्य किया है।

कुछ प्रमुख प्रावधान जिनमें कुछ नया जोड़ा-घटाया गया है, वे इस प्रकार हैं--

पेसा 1996 की धारा 4 (क) के अनुसार पंचायतों पर कोई राज्य विधान जो बनाया जाय रूढ़िजन्य विधि सामाजिक और सामुदायिक सम्पदाओं की परम्परागत प्रबन्ध पद्धतियों के अनुरूप होगा। लेकिन झारखण्ड के पंचायत राज अधिनियम 2001 एवं 2003 की धारा 10 (5) (1) में व्यक्तियों के परम्पराओं तथा रूढ़ियों, उनकी सांस्कृतिक पहचान और सामुदायिक साधनों (सरना, मसना, जाहेर स्थान

इत्यादि) को और विवादों के निराकरण के उनके रूढ़िगत तरीकों को जो संवैधानिक दृष्टिकोण से असंगत न हो, सुरक्षित करेगी। आवश्यकतानुसार इस दिशा में सहयोग के लिए ग्राम पंचायत, पंचायत समिति एवं जिला परिषद् तथा राज्य सरकार के समक्ष प्रस्ताव विहित रीति से ला सकेगी।

इसी तरह धारा 4(घ) प्रत्येक ग्रामसभा जनसाधारण की परम्पराओं और उनकी सांस्कृतिक पहचान सामुदायिक सम्पदाओं और विवाद निपटाने के रूढ़िक ढंग का संरक्षण करने में सक्षम होगी के स्थान पर झारखण्ड पंचायत राज अधिनियम 2001, 2003 की धारा 10 (5) (1) में कही गई बातें ही लागू की गई हैं।

पेसा 1996 की धारा 4(छ) के अनुसार प्रत्येक पंचायत पर अनुसूचित क्षेत्रों में स्थानों का आरक्षण, उस पंचायत में उन समुदायों की जनसंख्या के अनुपात में होगा जिनके लिए संविधान के भाग 9 के अधीन आरक्षण दिया जाना है। परन्तु अनुसूचित जनजातियों के लिए आरक्षण स्थानों की कुल संख्या के आधा से कम नहीं होगा। परन्तु अध्यक्षों के सभी स्तरों पर अनुसूचित जनजातियों के लिए आरक्षित होंगे। झारखण्ड पंचायत राज अधिनियम 2001, 2003 की धारा 36 (ख) (1) के अनुसार अनुसूचित क्षेत्रों में प्रत्येक पंचायत समिति में अनुसूचित जाति एवं अनुसूचित जनजातियों के लिए स्थान का आरक्षण उस पंचायत समिति में अपनी-अपनी जनसंख्या के आधार पर होगा। परन्तु अनुसूचित जनजातियों के लिए आरक्षण स्थानों की कुल संख्या के आधे से कम नहीं होगा। धारा 51 (ख)(1) के अनुसार अनुसूचित क्षेत्रों में प्रत्येक जिला परिषद् में अनुसूचित जाति एवं अनुसूचित जनजातियों के लिए स्थान का आरक्षण उस जिला परिषद् में अपनी-अपनी जनसंख्या के आधार पर होगा। परन्तु अनुसूचित जनजातियों के लिए आरक्षण स्थानों की कुल संख्या के आधे से कम नहीं होगा।

साथ ही यह भी कि झारखण्ड पंचायत राज 21 (ख) में दिए गए उपबन्ध के अधीन अनुसूचित क्षेत्रों में ग्राम पंचायतों का मुखिया और उपमुखिया का पद अनुसूचित जनजातियों के लिए आरक्षित होंगे। परन्तु यह भी कि उन अनुसूचित क्षेत्रों में ग्राम पंचायतों को जिनमें अनुसूचित जनजातियों के मुखिया एवं उप मुखिया के लिए आरक्षित पदों के आवंटन से विहित रीति में अपवर्जित कर दिया जाएगा। झा.पं.रा. संशोधित अधिनियम 2003 के अनुसार संशोधित करते हुए धारा 21 (ख) खंड (1) के द्वारा यथा, अनुसूचित क्षेत्रों में ग्राम पंचायतों में मुखिया का पद अनुसूचित जनजातियों के लिए आरक्षित होंगे।

# भाग-4

## 4.1 पारम्परिक स्वशासन व्यवस्था की वर्तमान स्थिति

### 4.1.1 उराँव समुदाय

दिनांक 25 अक्टूबर, 2005 से 30 अक्टूबर, 2005 तक लोहरदगा जिलान्तर्गत ग्राम बागही, बाघा और भट्‌ खिजरी में शोध कार्य किया गया। इस क्रम में उराँव समुदाय की पारम्परिक स्वशासन व्यवस्था और पंचायती राज के प्रति समझ और जानकारी को जानने का प्रयास किया गया। ग्राम बागही, बाघा और भट्‌ खिजरी के लोग सरना धर्म मानते हैं। यहाँ की जनसंख्या क्रमशः बागही में करीब 1500, बाघा में 2000 और भट्‌ खिजरी में 1600 के लगभग है। ग्राम बागही में आदिवासी, ईसाई और सामान्य समुदाय के और ग्राम बाघा और भट्‌ खिजरी में आदिवासी और सामान्य समुदाय के लोग रहते हैं।

| | गाँव | पंचायत | प्रखण्ड | जिला |
|---|---|---|---|---|
| (1) | बागही | बागही | लोहरदगा | लोहरदगा |
| (2) | बाघा | बाघा | लोहरदगा | लोहरदगा |
| (3) | भट्‌ खिजरी | भट्‌ खिजरी | लोहरदगा | लोहरदगा |

**पारम्परिक स्वशासन की भूमिका**–बाघा और बागही गाँव में पारम्परिक स्वशासन की भूमिका गाँव स्तर पर है, किन्तु भट्‌ खिजरी में पारम्परिक स्वशासन की भूमिका गाँव स्तर पर भी नहीं है। इन दोनों गाँवों में स्थानीय स्तर पर महतो, पहान, पूजार और करटाहा की भूमिका है। किन्तु भट्‌ खिजरी में प्रधान महतो की कोई भूमिका नहीं है, यहाँ सिर्फ पहान, पूजार और करटाहा की भूमिका है।

**महतो :** महतो गाँव का प्रधान होता है और पड़हा व्यवस्था का अध्यक्ष होता है। इसका काम आपसी विवादों का निपटारा करना और मालगुजारी वसूलना है। महतो का पद वंशानुगत है।

**पहान :** यह गाँव में धार्मिक पूजा-पाठ और धार्मिक कार्य सम्पन्न कराता है। साथ ही किसी तरह की सूचना गाँव वालों को देता है।

**करटाहा :** यह पड़हा स्तर पर जाति उद्धार का कार्य करता है।

**नोट** : दूसरा स्तर पड़हा राजा और तीसरा स्तर पड़हा दीवान का वर्तमान में कोई भूमिका नहीं है।

**पदधारक को लाभ** : महतो को मान जमीन मिला है। जो एक एकड़ के लगभग है। इसके अलावा किसी भी तरह का मानदेय महतो को नहीं मिलता है। पहान और पूजार को भी कुछ मान जमीन मिला है। यह मान जमीन सभी गाँव में है। पारम्परिक व्यवस्था से जुड़े लोग इसी जमीन पर खेती कर जीविकोपार्जन करते हैं। गाँव वालों को इससे कोई लाभ नहीं है। प्रधानी जमीन का बँटवारा भी सुनने को मिलता है। महतो का पद वर्तमान में सामूहिक हो गया है। महतो के वंश को ही लोग गाँव का प्रधान मानते हैं। इसके अन्तर्गत जो घर में बड़ा होता है, वह महतो का कार्य करता है। किन्तु पहान और पूजार का चुनाव तीन साल पर होता है और जो नया पहान पूजार बनता है जमीन उसी की हो जाती है।

**बैठक की स्थिति** : उराँव समुदाय की पारम्परिक स्वशासन की बैठक नियमित नहीं होती है। कुछ लोगों का कहना है कि बैठक साप्ताहिक गुरुवार को होती है लेकिन कुछ लोग कहते हैं कि बैठक आवश्यकता पड़ने पर ही होती है। जब कभी गाँव में आपसी विवाद होता है या पर्व-त्यौहार का समय आता है, तभी बैठक होती है।

**निर्णय-प्रक्रिया** : गाँव में किसी तरह का आपसी विवाद होने पर महतो को सूचित किया जाता है। महतो पूजार के द्वारा गाँव में सूचना दिलवाता है। गाँव के कुछ व्यक्ति और महतो, पहान और पूजार एक स्थान पर बैठकर दोनों पक्ष के लोगों की बात सुनते हैं और सर्वसम्मति से फैसला करते हैं। महतो के नेतृत्व में यदि फैसला नहीं होता है तो लोग पहले तीन पड़हा, पाँच पड़हा, सात पड़हा में जाते हैं। यदि यहाँ भी फैसला नहीं होता है तो लोग थाना-पुलिस का सहारा लेते हैं। बाघा और बागही में प्रायः विवाद का निपटारा गाँव या पड़हा में हो जाता है, लेकिन भट् खिजरी में किसी भी तरह का विवाद सीधे थाना-पुलिस ही जाता है।

**विवादों का निपटारा** : पारम्परिक स्वशासन में प्रायः छोटे-छोटे आपसी विवादों को निपटाया जाता है। साथ ही जमीन सम्बन्धी विवाद का हल भी लोग कर लेते हैं। हत्या, डकैती, बलात्कार इत्यादि के मामले सीधे थाना-पुलिस में ही जाते हैं।

**मालगुजारी** : गाँव का मालगुजारी वसूलना गाँव के प्रधान महतो का काम है। बाघा और बागही में महतो मालगुजारी वसूल कर कर्मचारी को देते हैं या अंचल कार्यालय में जमा करते हैं। लेकिन भट् खिजरी में गाँव का मालगुजारी सरकारी कर्मचारी ही वसूलते हैं।

**अन्य समुदाय की भूमिका** : पारम्परिक स्वशासन में अन्य समुदाय की भूमिका पर उराँव समुदाय के लोग कहते हैं कि उनकी व्यवस्था में अन्य समुदाय भी विवादों के निपटारे और अन्य कार्य में शामिल होते हैं, किन्तु अन्य समुदायों से जानने पर पता चलता है कि उराँव समुदाय की व्यवस्था में सिर्फ उनके बीच के

विवादों का ही निपटारा होता है। अन्य समुदाय के लोग किसी भी तरह के विवाद होने पर सीधे थाना-पुलिस ही जाते हैं। वह परम्परा अब प्रायः समाप्त हो गई है।

**प्राकृतिक/अन्य संसाधन :** बागही गाँव में छोटे-छोटे पहाड़ और जंगल हैं, किन्तु इससे कोई विशेष लाभ नहीं है। इस गाँव से 8 कि.मी. पीछे शंख नदी बहती है। दो व्यक्तिगत तालाब हैं। यहाँ से 3 कि.मी. दूर इरगाँव रेलवे स्टेशन है। बाघा गाँव में भी छोटे-छोटे जंगल और पहाड़ हैं। जबकि ग्राम भट्‌ खिजरी में जंगल या पहाड़ नहीं के बराबर हैं। बागही, बाघा और भट्‌ खिजरी में खेती योग्य भूमि सभी के पास है और जमीन का पट्टा भी सभी के पास है।

**महिलाओं की स्थिति :** उराँव समुदाय की पारम्परिक स्वशासन व्यवस्था में महिलाओं की स्थिति अन्य समुदायों से ठीक है। महिलाएँ बैठक में पहले भाग नहीं लेती थीं, लेकिन कुछ वर्षों से वे बैठक में भाग ले रही हैं। किन्तु निर्णय पुरुष लोग ही मिलकर करते हैं अर्थात् निर्णय में उनकी भागीदारी नहीं होती है।

**गाँव के विकास में पारम्परिक स्वशासन की भूमिका :** गाँव के विकास में पारम्परिक स्वशासन की किसी तरह की भूमिका नहीं है। क्योंकि विकास के लिए कहीं से भी आर्थिक सहायता नहीं मिल पाती है और दण्ड में ली गई रकम बहुत कम होती है, जिससे विकास का काम सम्भव नहीं है। कुछ लोग ये भी कहते हैं कि श्रमदान से सड़क इत्यादि कार्य कभी-कभी होता रहा है।

**अन्य समुदायों की भागीदारी :** पारम्परिक स्वशासन में अन्य समुदायों की भागीदारी नहीं होती है। उनके बीच आपस में विवाद होने पर या उराँव समुदायों से विवाद होने पर अन्य समुदाय के लोग थाना-पुलिस ही जाते हैं। वे उनकी पड़हा व्यवस्था में नहीं जाते हैं। पड़हा व्यवस्था में उराँव समुदाय के ही आपसी विवादों का निपटारा होता है। गाँव में रहनेवाले अन्य समुदाय उराँव समुदाय के पर्व-त्योहार में अवश्य शामिल होते हैं।

**पारम्परिक स्वशासन के प्रति युवा वर्ग की सोच :** इस समुदाय के युवक पारम्परिक स्वशासन व्यवस्था से पूरी तरह अवगत नहीं हैं। वे कहते हैं कि आपसी विवादों के निपटारे के लिए यह व्यवस्था तो ठीक है, लेकिन गाँव का अपेक्षित विकास नहीं होने से यह शोचनीय विषय बनता जा रहा है। साथ ही इस व्यवस्था का कार्य और महत्त्व वर्तमान में इतना कम हो गया है कि इसे बचाना मुश्किल साबित हो रहा है।

**ग्रामसभा की भूमिका :** बाघा, बागही, भट्‌ खिजरी तीनों गाँवों में ग्रामसभा है। लेकिन यह ग्रामसभा सरकारी नहीं है, बल्कि गाँव की सभा है। गाँव के लोग दण्ड में ली गई रकम या सामूहिक सहयोग के रकम को ग्रामसभा के कोषाध्यक्ष के पास जमा करते हैं। ऐसी ग्रामसभा का किसी बैंक में खाता नहीं है।

## पंचायती राज

बागही, बाघा और भट् खिजरी के लोगों को पंचायती व्यवस्था की कुछ जानकारी है। लोग पंचायती व्यवस्था से लाभ महसूस भी करते हैं, किन्तु उनकी व्यवस्था खत्म हो जाएगी, इस डर से पंचायत चुनाव न होने की बात करते हैं।

## गाँव की स्थिति

गाँव में खेती योग्य जमीन सभी के पास है। जमीन का पट्टा भी सभी के पास है। गाँव में गैर मजरुआ भूमि और बंजर भूमि भी है। यहाँ प्राकृतिक संसाधन के रूप में कुछ विशेष नहीं है। छोटे-छोटे जंगल और छोटे-छोटे पहाड़ मात्र हैं।

उराँव समुदाय के मुख्य पर्व-त्योहार सरहुल, कर्मा, बुढ़ी करमा, बिहु शिकार, जनी शिकार इत्यादि हैं। इस समुदाय में पूजा-पाठ, शादी-ब्याह पूजार ही कराता है और पर्व-त्योहार या गाँव का किसी तरह का समारोह का उत्तरदायित्व महतो प्रधान का होता है।

बागही गाँव में उप स्वास्थ्य केन्द्र है, किन्तु बागहा और भट् खिजरी में किसी तरह का स्वास्थ्य केन्द्र नहीं है। प्रायः लोग लोहरदगा के स्वास्थ्य केन्द्र या लोहरदगा अन्तर्गत प्राइवेट चिकित्सा केन्द्र में जाते हैं। जड़ी-बूटी से इलाज करनेवाले गाँव में नहीं हैं। इस गाँव में झाड़-फूँक भी होता है, लेकिन ज्यादा विश्वास चिकित्सा पर ही करते हैं।

## गाँव का प्रधान व प्रबुद्ध व्यक्ति

ग्राम बागही और बाघा के प्रधान का मानना है कि हमारी पारम्परिक व्यवस्था तो ठीक है, किन्तु विकास नहीं होने के कारण पंचायत चुनाव सभी चाह रहे हैं। पंचायत चुनाव में अधिकांश लोग उम्मीदवार बनने को भी तैयार हैं क्योंकि पंचायत चुनाव होने पर ही गाँव में सड़क, बिजली, स्वास्थ्य केन्द्र सम्भव है। विकास के लिए पंचायत चुनाव जरूरी है, किन्तु हमारी व्यवस्था भी रहनी चाहिए ताकि आपसी विवाद को कम खर्च में निपटा सके। जबकि पारम्परिक व्यवस्था में महतो का बदलाव महतो के मृत्यु के बाद ही होता है। महतो के बाद उसका उत्तराधिकारी महतो का पद ग्रहण करता है।

गाँव में जब किसी तरह की समस्या होती है तब गाँव के प्रबुद्ध व्यक्ति बैठक कर उसका निराकरण करते हैं। परन्तु नियमित बैठक नहीं होने के कारण इस परम्परा का भी अस्तित्व समाप्त-सा हो रहा है। पेसा की जानकारी गाँव में किसी को भी नहीं है और ना ही गाँव वालों का कहीं विरोध है।

## निष्कर्ष

- लोहरदगा अन्तर्गत ग्राम बागही और बाघा में पारम्परिक स्वशासन व्यवस्था गाँव स्तर यानि प्रधान महतो तक तो है किन्तु भट् खिजरी गाँव में पारम्परिक व्यवस्था शून्य हो गई है।
- पारम्परिक स्वशासन व्यवस्था गाँव में स्थानीय विवाद को हल करने की व्यवस्था है।
- आपसी विवाद का हल नहीं होने पर लोग थाना-पुलिस जाते हैं। पड़हा राजा और पड़हा दीवान का महत्त्व नहीं रह गया है।
- गाँव वालों को पंचायत चुनाव से एतराज नहीं है।
- गाँव वालों को पेसा की कुछ भी जानकारी नहीं है।
- अधिकांश लोग पंचायत चुनाव में उम्मीदवार बनने और वोट देने को तैयार हैं।

### 4.1.2 मुंडा समुदाय

दिनांक 17 अक्टूबर, 2005 से 21 अक्टूबर, 2005 तक राँची जिला के खूँटी अनुमण्डल अन्तर्गत ग्राम सोदाग, कुड़की और गुल्लू में शोध कार्य किया गया। ग्राम सोदाग में अधिकांशतः सरना धर्म के लोग निवास करते हैं और ग्राम कुड़की एवं गुल्लू में ईसाई धर्म के लोग हैं। ग्राम सोदाग की जनसंख्या करीब 410 है जबकि गुल्लू और कुड़की की जनसंख्या 500 के लगभग है।

| | ग्राम | पंचायत | प्रखण्ड | जिला |
|---|---|---|---|---|
| (1) | सोदाग | तारोसीलादोन | खूँटी | राँची |
| (2) | गुल्लू | रूमुतकेल | मुरहू | राँची |
| (3) | कुड़की | गुरमी | मुरहू | राँची |

**पारम्परिक स्वशासन की भूमिका :** ग्राम सोदाग, गुल्लू और कुड़की की पारम्परिक स्वशासन व्यवस्था की भूमिका गाँव स्तर पर है। किन्तु ऊपर के स्तर पर किसी तरह की भूमिका नहीं है। विवादों का निपटारा गाँव स्तर पर नहीं होने पर लोग थाना-पुलिस का ही सहारा लेते हैं।

**मुंडा :** मुंडा का काम आपसी विवादों को निपटारा करना और मालगुजारी वसूलना है। इस समुदाय में इसके अलावा पड़हा राजा, राजा, ठाकुर, दीवान, लाल, पुरोहित, घटवार, चवार डोलाइत, पान खवास, सिपाही, दारोगा, पांडेय इत्यादि भी व्यवस्था में होते थे, लेकिन वर्तमान में इनका नाम नहीं मिलता है और न ही किसी तरह का महत्त्व है।

**कोटवार :** मुंडा के निर्देश पर गाँव में सूचना देते हैं।

**पहान :** यह गाँव में पूजा-पाठ कराते हैं।

**पदधारक को लाभ :** पदधारक में मुंडा को मानजमीन मिला है, जिस पर कृषि कार्य कर अपना जीविकोपार्जन करते हैं। इसके अतिरिक्त किसी तरह का मानदेय किसी को भी नहीं मिलता है।

**बैठक की स्थिति :** उराँव समुदाय की ही भाँति यहाँ भी बैठक नियमित नहीं होती है, जब आवश्यकता होती है तब बैठक होती है। प्रायः विवाद की स्थिति में ही बैठक होती है।

**निर्णय-प्रक्रिया :** किसी तरह का विवाद होने पर भुक्तभोगी मुंडा को सूचित करते हैं और मुंडा कोटवार से गाँव में सूचना दिलवाता है, तब निश्चित समय पर बैठक होती है और गाँव वाले मिलकर फैसला करते हैं।

**मालगुजारी :** मुंडा गाँव का मालगुजारी वसूल कर अंचल कार्यालय में जमा करते हैं या कर्मचारी को देते हैं।

**अन्य समुदाय की भूमिका :** मुंडा समुदाय की पारम्परिक स्वशासन व्यवस्था में यदि मुंडा और अन्य समुदाय के बीच विवाद हुआ तो लोग उनकी व्यवस्था में आते हैं और यदि अन्य समुदायों में आपस में विवाद हुआ तो वे सीधे थाना-पुलिस ही जाते हैं।

**प्राकृतिक/अन्य संसाधन :** प्राकृतिक संसाधन में जंगल और पहाड़ हैं, परन्तु इन पर गाँव वालों का अधिकार नहीं है, बल्कि वन विभाग का अधिकार है। कृषि योग्य भूमि और जमीन का पट्टा सभी के पास है। यहाँ खुँटकटी जमीन है।

**महिलाओं की स्थिति :** मुंडा समुदाय की पारम्परिक स्वशासन व्यवस्था में महिलाओं की भागीदारी नहीं है। किसी भी बैठक में महिलाएँ भाग नहीं लेती हैं और न ही लोग इसकी जरूरत महसूस करते हैं। यहाँ महिला सम्बन्धी विवाद का निपटारा भी पुरुष वर्ग ही मिलकर करते हैं।

**गाँव के विकास में पारम्परिक स्वशासन की भूमिका :** गाँव के विकास में पारम्परिक स्वशासन व्यवस्था की किसी तरह की भूमिका नहीं है।

**पारम्परिक स्वशासन के प्रति युवा वर्ग की सोच :** ग्राम सोदाग और गुल्लू के युवकों का कहना है कि पारम्परिक स्वशासन का आज के परिवेश में कोई महत्त्व नहीं रह गया है। क्योंकि इससे ना तो आपसी विवादों का निपटारा ही हो पाता है और ना ही गाँव का विकास हो पा रहा है। लेकिन ग्राम कुड़की के युवक पारम्परिक स्वशासन व्यवस्था को ही अच्छा मानते हैं और यह सिर्फ भावनात्मक लगाव होने के कारण वे ऐसा समझते हैं।

**ग्रामसभा की भूमिका :** मुंडा समुदाय के बीच ग्राम कुड़की, सोदाग और गुल्लू में ग्रामसभा है और यह ग्रामसभा स्वयंसेवी संस्थान नव भारत जागृति केन्द्र के द्वारा बनाई गई है। लेकिन बैठक नियमित नहीं होने के कारण यह भी प्रायः अस्तित्व में नहीं है।

## पंचायती राज

ग्राम सोदाग, कुड़की और गुल्लू तीनों क्षेत्रों में अधिकांश लोगों को पंचायत की जानकारी है। ग्राम सोदाग और गुल्लू के अधिकांश लोग पंचायत चुनाव चाहते हैं, किन्तु ग्राम कुड़की के अधिकांश लोग पंचायत चुनाव के विरोध में हैं। ग्राम सोदाग और ग्राम गुल्लू के लोगों का कहना है कि पंचायत चुनाव के बाद ही गाँव का विकास सम्भव है। किन्तु ग्राम कुड़की के लोगों के अनुसार पंचायत चुनाव से हमारी व्यवस्था प्रभावित हो सकती है और पंचायत से हमें लाभ नहीं है। लेकिन सबसे बड़ी बात यह देखने को मिलती है कि तीनों गाँवों के महिला/पुरुष पंचायत चुनाव में उम्मीदवार बनने को तैयार रहते हैं।

लोगों का कहना है कि विकास के लिए पंचायत चुनाव अति आवश्यक है मगर आपसी विवादों के निपटारे के लिए स्थानीय पारम्परिक व्यवस्था भी जरूरी है। जब स्थानीय स्तर पर विवादों का निपटारा नहीं होता है तब पंचायत या थाना-पुलिस में जाया जा सकता है। ग्राम सोदाग और गुल्लू में पारम्परिक स्वशासन व्यवस्था से जुड़े व्यक्ति यहाँ तक कि प्रधान और उसके परिवार के अन्य सदस्य भी पंचायत चुनाव में उम्मीदवार के रूप में भाग लेने को तैयार हैं। जबकि ग्राम कुड़की में पुरुष अधिक खड़े हो रहे हैं और महिलाएँ कम उम्मीदवार में खड़ी हो रही हैं। क्योंकि इस गाँव में महिलाओं को कम महत्त्व दिया जाता है।

**पेसा :** गाँववालों को पेसा 1996 की किसी तरह की जानकारी नहीं है जिसका परिणाम यह है कि पेसा को लेकर गाँव में कहीं विवाद भी नहीं है। ग्रामसभा का आशय गाँव में पेसा कानून नहीं बल्कि सदियों से आ रही गाँव की सभा है।

## गाँव की स्थिति

गाँवों में स्वास्थ्य केन्द्र नहीं हैं। किसी के बीमार पड़ने पर उसे खूँटी अस्पताल या खूँटी अन्तर्गत प्राइवेट चिकित्सा केन्द्र में इलाज करवाने ले जाते हैं। यहाँ जड़ी-बूटी सम्बन्धी चिकित्सा की जानकारी भी नहीं है। अन्धविश्वास झाड़-फूँक भी अब बहुत कम है।

तीनों गाँव में प्राथमिक विद्यालय है और गाँव के अधिकांश बच्चे स्कूल में पढ़ने जाते हैं। उन्हें प्राथमिक विद्यालय में शिक्षा प्राप्ति के बाद खूँटी उच्च विद्यालय में पढ़ने जाना होता है। गाँव विकास के मामले में काफी पीछे हैं। यहाँ अच्छी सड़कें नहीं हैं। बिजली का अभाव है। स्वास्थ्य केन्द्र की कमी है। सरकारी योजनाएँ गाँव में नहीं पहुँच पाती हैं। स्थानीय प्रखण्ड कार्यालय से सिर्फ इन्दिरा आवास, कुआँ और चापाकल तो दिया गया है किन्तु यह आवश्यकता से बहुत कम है।

### प्रधान/प्रबुद्ध व्यक्ति

ग्राम सोदाग और गुल्लू के प्रधान का कहना है कि यहाँ की पारम्परिक व्यवस्था की वर्तमान स्थिति ठीक नहीं है। लोग इस व्यवस्था को और इस व्यवस्था से सम्बन्धित व्यक्ति को महत्त्व नहीं देते हैं। अब तो बैठक भी सही ढंग से नहीं होती है। कोई किसी की बात नहीं मानता है। बैठक में लोग अब आते भी नहीं हैं।

ग्राम कुड़की के प्रधान का कहना है कि बैठक का समय निश्चित नहीं है, किन्तु बैठक कभी-कभी होती है। इसमें आपसी विवाद का निपटारा आसानी से हो जाता है।

ग्राम कुड़की के प्रधान पंचायत चुनाव का विरोध करते हैं। जबकि ग्राम सोदाग और गुल्लू के प्रधान पंचायत चुनाव से सहमत हैं और जल्द पंचायत चुनाव कराने की माँग भी कर रहे हैं। प्रधान के अलावा अन्य परिवार पंचायत भी चुनाव में उम्मीदवार बनने को तैयार हैं।

गाँव के प्रबुद्ध व्यक्ति पारम्परिक व्यवस्था की मजबूती के विषय में कहते हैं कि इसमें आपसी विवादों का हल प्रायः हो जाता है। परन्तु इसकी कमजोरी को बताते हुए कहते हैं कि बैठक का नियमित नहीं होना और इसमें महिलाओं की भागीदारी का अभाव है। पारम्परिक स्वशासन व्यवस्था गाँव के लिए आवश्यक है, ताकि आपसी विवादों का निपटारा गाँव स्तर पर हो सके। विकास के लिए पंचायत चुनाव का होना अति आवश्यक है। परन्तु इन गाँवों में पेसा की जानकारी किसी को भी नहीं है।

### निष्कर्ष

- पारम्परिक व्यवस्था आपसी विवादों के निपटारे के लिए जरूरी है।
- विकास के लिए पंचायत चुनाव का होना आवश्यक है।
- गाँव में पेसा को लेकर कहीं भी विरोध नहीं है।
- जहाँ स्वयंसेवी संस्थान की भूमिका है वहाँ ग्रामसभा की बैठक कभी-कभी होती है।
- पारम्परिक व्यवस्था की बैठक नियमित नहीं होने की वजह से यह व्यवस्था शिथिल पड़ती जा रही है।
- पारम्परिक व्यवस्था में प्रधान (मुंडा) तक ही व्यवहार में रह गया है।
- मुंडा जब विवाद का निपटारा नहीं कर पाता तब लोग थाना-पुलिस में जाते हैं। इससे स्पष्ट है कि इस व्यवस्था में राजा और पड़हा राजा का ना तो महत्त्व है और ना ही किसी तरह का कार्य है।
- गाँव के लोगों के बीच किसी तरह का विवाद नहीं है, वे सिर्फ विकास चाहते हैं।

### 4.1.3. संताल समुदाय

दिनांक 10 नवम्बर, 2005 से 16 नवम्बर, 2005 तक पाकुड़ जिलाअन्तर्गत प्रखण्ड लिट्टीपाड़ा के ग्राम महुलबोना और बांसजोरी तथा प्रखण्ड महेशपुर के ग्राम खुरूडीह एवं पाकुड़ प्रखण्ड के दो अन्य गाँव दुर्गापुर और आसनदीपा में शोध कार्य किया गया। ग्राम महुलबोना की जनसंख्या करीब 800, बाँसजोरी की 700 और खुरूडीह की 900 के लगभग है। संताल समुदाय के लोग सपाहोड़ धर्म को मानते हैं।

| | गाँव | पंचायत | प्रखण्ड | जिला |
|---|---|---|---|---|
| (1) | महुलबोना | बारू | लिट्टीपाड़ा | पाकुड़ |
| (2) | बाँसजोरी | नावाडीह | लिट्टीपाड़ा | पाकुड़ |
| (3) | खुरूडीह | देवीनगर | महेशपुर | पाकुड़ |

**पारम्परिक स्वशासन की भूमिका :** ग्राम महुलबोना, बांसजोरी और खुरूडीह में पारम्परिक स्वशासन व्यवस्था में गाँव स्तर पर मांझी, गोड़ाइत, जोग मांझी, प्राणीक और नायकी के आधिकारिक पदों की भूमिका देखने को मिलती है।

**मांझी :** मांझी गाँव का प्रधान होता है और मांझी-हड़ाम का अध्यक्ष होता है। इसका काम आपसी विवादों का निपटारा करना और मालगुजारी वसूलना है और यह पद वंशानुगत होता है।

**नायकी :** नायकी का काम पूजा-पाठ कराना है। साथ ही गाँव में देवी-देवताओं की पूजा-अर्चना करना भी है।

**प्राणीक :** यह मांझी की अनुपस्थिति में कार्य करता है। दूसरे शब्दों में इसे उप-मांझी का दर्जा प्राप्त है।

**गोड़ाइत :** यह मांझी के निर्देश पर गाँव वालों को बैठक की सूचना देते हैं।

**जोग मांझी :** ये गाँव में शादी-ब्याह कराते हैं व ऐसे आयोजनों में युवक-युवतियों का नेतृत्व करते हैं।

**भग्दो प्रजा :** इसमें गाँव के कुछ मुख्य व्यक्ति होते हैं जो बैठक में विचार-विमर्श करते हैं।

**नोट :** पारम्परिक स्वशासन व्यवस्था में इसके अलावा लासरे टेंगोय, कुड़ाम नायके, देश मांझी, परगनैत, सुसारिया, चौकीदार और दिशुम परगना था, किन्तु वर्तमान में उनका सिर्फ कहीं-कहीं नाम सुनने को मिलता है जबकि काम बिलकुल समाप्त हो गया है।

**पदधारक को लाभ :** इसके अन्तर्गत मांझी को मान जमीन के रूप में आठ बीघा और गोड़ाइत को दो बीघा के लगभग मिला है। परन्तु इसके अलावा किसी भी तरह का मानदेय मांझी को नहीं मिलता है। यह मान जमीन सभी गाँव में है। व्यवस्था से जुड़े लोग इसी जमीन पर खेती कर जीविकोपार्जन करते हैं। अन्य गाँव

वालों को इससे कोई लाभ नहीं है।

**बैठक की स्थिति :** संताल समुदाय की पारम्परिक स्वशासन की बैठक नियमित नहीं होती है। जब गाँव में आपसी विवाद होता है या खेती का समय आता है, तभी बैठक होती है।

**निर्णय-प्रक्रिया :** गाँव में किसी तरह का आपसी विवाद होने पर गाँव के मांझी को सूचित किया जाता है। मांझी गोड़ाइत के द्वारा गाँव में सूचना दिलवाते हैं तथा निश्चित समय पर गाँव के कुछ व्यक्ति और मांझी, गोड़ाइत और स्वशासन व्यवस्था से जुड़े व्यक्ति बैठक में उपस्थित होते हैं और सर्वसम्मति से फैसला करते हैं। यदि यहाँ फैसला नहीं होता है तो लोग थाना-पुलिस का सहारा लेते हैं।

**विवादों का निपटारा :** इस व्यवस्था में प्रायः छोटे-मोटे आपसी विवादों को निपटाया जाता है। साथ ही छोटे-छोटे जमीन सम्बन्धी विवादों का हल भी लोग निकाल लेते हैं। यहाँ जुर्माना रुपये के रूप में लगाया जाता है जो कि निर्णायक परिषद् व आरोप लगानेवाले के बीच बैठक के दौरान खाने-पीने व शराब के रूप में हुए व्यय के अनुपात में बँट जाता है। समुदाय की कुछ महिलाओं के अनुसार बैठक में शराब का इस्तेमाल निर्णयों को भी प्रभावित करता रहता है। हत्या, डकैती, बलात्कार इत्यादि मामले थाना-पुलिस में ही जाते हैं।

**मालगुजारी :** गाँव का मालगुजारी गाँव के प्रधान मांझी वसूलते हैं। मालगुजारी वसूल कर अंचल कार्यालय में जमा करते हैं या कर्मचारी को देते हैं। परन्तु इसके बदले में मांझी को कुछ भी नहीं मिलता है।

**अन्य समुदायों की भूमिका :** पारम्परिक स्वशासन व्यवस्था में अन्य समुदायों की भागीदारी नहीं है। सिर्फ संताल समुदाय के बीच के ही आपसी विवादों को उनकी व्यवस्था में निपटाया जाता है। जबकि अन्य समुदाय के लोग विवाद होने पर थाना-पुलिस का ही सहारा लेते हैं।

**प्राकृतिक/अन्य संसाधन :** प्राकृतिक संसाधन के रूप में जंगल, पहाड़, भूमि सभी गाँवों में है। किन्तु इन प्राकृतिक संसाधनों पर अधिकार गाँव वालों का नहीं बल्कि वन विभाग का अधिकार है।

**महिलाओं की स्थिति :** इस गाँव में संताल समुदाय की महिलाओं की स्थिति लगभग दोयम दर्जे की है। वे बैठक में भाग नहीं लेती हैं। सिर्फ पुरुष ही भाग लेते हैं। जब महिला सम्बन्धी विवाद होता है तब महिला पुरुष को सिर्फ अपनी समस्या बता देती हैं। सामाजिक कुरीतियाँ इस क्षेत्र में बाधक हैं। जैसे—छोटे भाई की पत्नी, बहू, बड़ों के सामने नहीं बैठ सकती है। यहाँ अभी भी महिलाएँ पारम्परिक पोशाक 'लूगी और पंची' पहनती हैं।

**गाँव के विकास में पारम्परिक स्वशासन व्यवस्था की भूमिका :** गाँव के विकास में पारम्परिक स्वशासन की किसी तरह की भूमिका नहीं है। क्योंकि विकास

के लिए कहीं से भी आर्थिक सहायता नहीं मिल पाती है। गाँव के युवक बताते हैं कि पारम्परिक व्यवस्था नाममात्र की रह गई है। इससे युवक सन्तुष्ट नहीं हैं। विकास के लिए पंचायत चुनाव का होना अनिवार्य मानते हैं।

**अन्य समुदायों की भागीदारी :** पारम्परिक स्वशासन में अन्य समुदायों की भागीदारी नहीं होती है। अन्य समुदायों के बीच विवाद होने पर या संताल समुदायों से विवाद होने पर अन्य समुदाय के लोग थाना-पुलिस ही जाते हैं। उनकी पड़हा व्यवस्था में नहीं जाते हैं।

**पारम्परिक स्वशासन के प्रति युवा वर्ग की सोच :** संताल समुदाय के युवक पारम्परिक स्वशासन व्यवस्था से पूरी तरह अवगत नहीं हैं। यद्यपि कि कुछ युवा जानते भी हैं परन्तु वे इस व्यवस्था से सन्तुष्ट नहीं हैं। वे कहते हैं कि आपसी विवादों के निपटारे के लिए यह व्यवस्था तो ठीक है, लेकिन गाँव का अपेक्षित विकास नहीं होने से यह चिन्ता का विषय बनती जा रही है।

**ग्रामसभा की भूमिका :** ग्रामसभा प्रायः सभी गाँवों में है, किन्तु अपने सही स्वरूप में कहीं भी नहीं है और न ही ग्रामसभा की बैठक होती है, जिसके कारण लोग ग्रामसभा के काम और महत्त्व को समझ नहीं पाते हैं।

## पंचायती राज

इस गाँव के मुखिया को पंचायती राज व प्रधान के पद की थोड़ी-बहुत जानकारी है परन्तु समुदाय के अधिकांश लोगों को इसकी जानकारी बहुत ही कम है। मुखिया को पेसा 1996 के अर्थ के बारे में तो पता था कि यह आदिवासी समुदाय के विकास के लिए लाया गया है परन्तु उसे भी अधिनियम के नियमों की जानकारी नहीं थी। फिर भी अधिकांश लोगों को मुखिया के कार्य की जानकारी है। किन्तु गाँव के युवक, महिला और अन्य लोगों का कहना है कि पंचायत चुनाव होने से ही गाँव का विकास होगा। पंचायत चुनाव सभी कोई चाहते हैं। गाँव में कहीं भी इसका विरोध नहीं है।

## गाँव की स्थिति

खेती योग्य भूमि गाँव में सभी के पास है। जमीन का पट्टा भी सभी के पास है। गाँव में सामूहिक जमीन नहीं है। कुछ गैर-मजरुआ और बंजर भूमि भी है। प्राकृतिक संसाधन के रूप में गाँव में कोई खास कुछ नहीं है।

गाँव में पर्व-त्योहार के दिन, समय और स्थान जिस व्यवस्था की बैठक में तय होता है उसे बैसी कहा जाता है। जिसे आवश्यकता के अनुसार बुलाया जाता है। परन्तु इसकी कोई समयावधि निश्चित नहीं होती है। यहाँ का मुख्य पर्व है महामोढ़े माघे पर्व, सोहराई। गाँव में पूजा-पाठ या शादी-ब्याह नायकी कराता है। इन सब पर्वों का उत्तरदायित्व मांझी का ही होता है।

गाँव में कहीं भी स्वास्थ्य केन्द्र नहीं है। आर.एम.पी. चिकित्सक गाँव में घूमकर इलाज करते हैं। गाँव में जड़ी-बूटी से भी इलाज किया जाता है। झाड़-फूँक भी होता है। ज्यादा बीमार होने पर प्रखण्ड के स्वास्थ्य केन्द्र में बीमार व्यक्ति को खाट पर टाँग कर ले जाते हैं। पोलियो की खुराक सभी बच्चों को दिलवाते हैं। महिलाओं के प्रसव कार्य को गाँव की अप्रशिक्षित दाई ही सम्पन्न कराती है। जिससे खतरे की सम्भावना भी बनी रहती है।

गाँव में प्राइमरी स्कूल है, किन्तु शिक्षक नहीं के बराबर आते हैं। गाँव वाले बच्चों को पढ़ाना चाहते हैं किन्तु शराब की आदत से मजबूर होने की वजह से ठीक से देखरेख नहीं कर पाते हैं। मैट्रिक/इण्टर पास तो बहुत कम हैं। लोगों की समझ है कि शिक्षा से जीवन स्तर और समझ में बदलाव आता है। किन्तु शिक्षा की व्यवस्था ठीक नहीं होने के कारण लोग शिक्षा के क्षेत्र में काफी पीछे हैं।

## प्रधान/गाँव के प्रबुद्ध व्यक्ति

प्रधान मांझी का कहना है कि पारम्परिक व्यवस्था सदियों से चली आ रही है। पहले तो इस व्यवस्था का बहुत ही महत्त्व था। किन्तु अब इसकी महत्ता समाप्त होती जा रही है। व्यवस्था से जुड़े लोगों को गाँव वाले पहले की तरह महत्त्व नहीं देते हैं। पहले गाँव में फैसला आसानी से हो जाता था, किन्तु अब अधिकांशतः लोग थाना-पुलिस के पास चले जाते हैं।

गाँव में प्रधानी जमीन लगभग पाँच बीघा मिली है, जिस पर खेती कर प्रधान जीवनयापन करते हैं। गाँव का मांझी मृत्यु के बाद ही बदलता है। चूँकि मांझी का पद वंशानुगत है और अन्य पद वंशानुगत तो नहीं है, किन्तु अन्य सदस्यों का बदलाव भी मृत्यु के बाद ही होता है। चुनाव किसी पद के लिए संताल समुदाय में नहीं होता है। वर्ष में व्यवस्था से जुड़े सदस्य एक पत्थर मांझी के पास जमा करता है फिर प्रधान उस पत्थर को उसे ही दे देता है। इसी तरह फिर से वही व्यक्ति व्यवस्था का सदस्य बन जाता है।

गाँव में बैठक नियमित न होकर सिर्फ पर्व-त्योहार या विवाद के समय ही होती है। गाँव में यह धारणा है कि पंचायत से विकास तो होगा, किन्तु पारम्परिक व्यवस्था खत्म हो सकती है। इस कारण वे पंचायत नहीं चाहते हैं। लोगों को पेसा की कुछ भी जानकारी नहीं है और न लोग पेसा का नाम ही सुने हैं। इस गाँव में पारम्परिक व्यवस्था से फायदा है कि गाँव वाले मिलकर रहते हैं और कम खर्च में फैसला हो जाता है। परन्तु एक कमजोरी है कि विकास का काम नहीं हो पा रहा है।

## पाकुड़ प्रखण्ड के दुर्गापुर एवं आसनदीपा की स्थिति

पाकुड़ प्रखण्ड के दुर्गापुर में 70 प्रतिशत आदिवासी हैं और 30 प्रतिशत गैर

आदिवासी हैं। यहाँ भी बैठक नियमित नहीं होती है और गैर आदिवासी इनकी व्यवस्था में शामिल नहीं होते हैं। परन्तु यहाँ आदिवासी और गैर आदिवासी सभी पंचायत चुनाव में शामिल होने को तैयार हैं।

ग्राम आसनदीपा में 60 प्रतिशत मुस्लिम समुदाय के लोग हैं और 40 प्रतिशत संताल आदिवासी हैं। यहाँ विगत 12 वर्षों से पारम्परिक प्रधान की मृत्यु के बाद उसका परिवार मांझी नहीं बना और न ही अन्य कोई भी मांझी बन पाया है। इसलिए यहाँ बैठक का नाम ही नहीं है। प्रधानी जमीन पर प्रधान के वंश के लोग खेती कर रहे हैं किन्तु प्रधान नहीं बने हैं।

## निष्कर्ष

- संताल समुदाय में पारम्परिक व्यवस्था भावनात्मक दृष्टि से मजबूत है, किन्तु व्यावहारिक दृष्टि से काफी कमजोर है। प्रधान मांझी ही सिर्फ व्यवहार में है और उसके साथ प्राणीक, गोड़ाइत, नायकी, जोग मांझी है। यानि पहली श्रेणी ही कायम है। दूसरी और तीसरी कार्य व्यवहार में नहीं है। पंचायत की जानकारी बहुत कम है। चूँकि पंचायत के विषय में कहीं से जानकारी गाँव वालों को नहीं मिली है। मुखिया की जानकारी है। लोग जानते हैं कि पंचायत मुखिया से गाँव का विकास होगा इसलिए पंचायत चुनाव में सभी लोग वोट देने को तैयार हैं। यहाँ तक कि पारम्परिक प्रधान भी उम्मीदवार बनने को तैयार है परन्तु गाँव वालों का कहना है कि पंचायत के साथ गाँव की पारम्परिक व्यवस्था भी रहनी चाहिए ताकि गाँव के आपसी विवाद गाँव में ही निपट सकें।
- पेसा की जानकारी गाँव वालों को नहीं है और न ही पेसा और पंचायत में कहीं विरोध या विवाद है।

### 4.1.4 पहाड़िया समुदाय

दिनांक 22 नवम्बर, 2005 से 30 नवम्बर, 2005 के बीच दुमका जिलान्तर्गत प्रखण्ड काठीकुंड के ग्राम पोखरीया और निझोर तथा प्रखण्ड दुमका के ग्राम मुर्गाथली और कौरैया का दौरा किया गया। क्रमशः पोखरीया में 80, निझोर 180 और मुर्गाथली में 250 के लगभग जनसंख्या है।

| | ग्राम | पंचायत | प्रखण्ड | जिला |
|---|---|---|---|---|
| (1) | पोखरीया | पुसालडीह | काठीकुंड | दुमका |
| (2) | निझोर | दलाही | काठीकुंड | दुमका |
| (3) | मुर्गाथली | दीघी | दुमका | दुमका |

**पारम्परिक स्वशासन की भूमिका :** पहाड़िया समुदाय के ग्राम पोखरीया, निझोर और मुर्गाथली में पारम्परिक स्वशासन व्यवस्था की भूमिका गाँव स्तर पर भी नाममात्र की रह गई है।

**प्रधान :** पहाड़िया समुदाय में गाँव के प्रधान को पहले मांझी कहा जाता था, किन्तु वर्तमान समय में दुमका क्षेत्र के माल पहाड़िया समुदाय के लोग गाँव के प्रधान को प्रधान ही कहते हैं। प्रधान का काम पहाड़िया समुदाय के बीच आपसी विवादों का निपटारा करना और मालगुजारी वसूलना है।

**गोड़ाइत :** यह गाँव के प्रधान के निर्देश पर गाँव में सूचना देते हैं।

**देहरी :** यह गाँव में पूजा-पाठ कराता है और शादी-ब्याह करता है।

**नोट :** पूर्व में भग्दो नामक पद पर प्रत्येक गाँव से 1-2 व्यक्ति होते थे और सरदार या नाईब जो 12-13 गाँव के मांझियों के ऊपर होता था। यह दोनों पद का नाम और काम वर्तमान में नहीं रह गया है।

**पदधारक को लाभ :** पोखरीया और निझोर के प्रधान को तो मानजमीन मिला है, किन्तु गोड़ाइत और देहरी को मानजमीन नहीं मिला है। ग्राम मुर्गाथली के प्रधान के पास मानजमीन भी नहीं है। लोगों का कहना है कि कई वर्षों से इस गाँव में पारम्परिक स्वशासन व्यवस्था का नाम नहीं था, लेकिन कुछ वर्ष पहले गाँव को चलाने के लिए इस व्यवस्था को बनाया गया है। जिसके कारण गाँव के प्रधान के पास मानजमीन नहीं है। इसके अलावा गाँव के प्रधान को किसी भी तरह का मानदेय भी नहीं मिलता है। प्रधानी जमीन का उपयोग उसके वंश के सभी लोग करते हैं।

**बैठक की स्थिति :** पारम्परिक स्वशासन व्यवस्था की बैठक नियमित नहीं होती है। यह बैठक आपसी विवाद, खेती का समय या पर्व-त्योहार के अवसर आने पर ही होती है।

**निर्णय-प्रक्रिया :** गाँव में किसी से विवाद होने पर लोग गाँव के प्रधान को सूचित करते हैं, फिर गाँव के प्रधान गोड़ाइत के द्वारा गाँव में सूचना दिलवाते हैं और तब एक निश्चित स्थान पर बैठक होती है। बैठक में फैसला सर्वसम्मति से किया जाता है। दण्ड में प्रायः लोग रकम ही लेते हैं, लेकिन उस रकम का उपयोग खाने-पीने में ही खत्म कर देते हैं।

**मालगुजारी :** गाँव के प्रधान गाँव का मालगुजारी वसूल कर कर्मचारी को देते हैं। परन्तु मालगुजारी वसूलने के बदले में उसे किसी तरह का मानदेय नहीं मिलता है। ग्राम निझोर और पोखरीया के प्रधान कहते हैं कि मानजमीन होने के कारण उन्हें मालगुजारी वसूलने का काम करना पड़ता है। वहीं ग्राम मुर्गाथली के प्रधान कहते हैं कि गाँव में सम्मान होने के कारण यह काम करना पड़ता है।

**अन्य समुदाय की भूमिका :** पहाड़िया समुदाय के पारम्परिक स्वशासन में अन्य समुदाय में प्रायः संताल समुदाय के लोग हैं। लेकिन जहाँ संताल समुदाय की

संख्या अधिक है वहाँ के लोगों की अलग व्यवस्था है, जिसके कारण वे पहाड़िया समुदाय की व्यवस्था में नहीं जाते हैं और जहाँ उनकी संख्या कम है वहाँ के लोग पहाड़िया समुदाय की व्यवस्था में आपसी विवाद होने पर जाते हैं।

**प्राकृतिक/अन्य संसाधन :** पहाड़िया समुदाय प्रायः पहाड़ों पर ही निवास करते हैं। यहाँ पहाड़ और जंगल काफी हैं। जो उनकी जीविका का मुख्य साधन भी है। प्रायः लोगों के पास कृषि भूमि है, किन्तु पहाड़ी इलाका होने के कारण खेती नहीं के बराबर होती है। जमीन का पट्टा भी सभी के पास है।

**महिलाओं की स्थिति :** पहाड़िया समुदाय के बीच महिलाओं की स्थिति सामान्य है। जब भी ग्राम निझोर, पोखरीया और मुर्गाथली में बैठक होती है, महिलाएँ उसमें बैठती हैं। विचार-विमर्श भी करती हैं, किन्तु विवाद की स्थिति में महिलाएँ नहीं बैठती हैं।

**गाँव के विकास में पारम्परिक स्वशासन की भूमिका :** गाँव के विकास में पारम्परिक स्वशासन की कोई भूमिका नहीं है, क्योंकि विकास के लिए कहीं से आर्थिक मदद नहीं मिलती है। गाँव का अपेक्षित विकास भी नहीं हो पा रहा है। गाँव के प्रधान प्रखण्ड कार्यालय जाकर गाँव के विकास के लिए और लोगों के इन्दिरा/बिरसा आवास और राशन कार्ड के लिए प्रयास भी करते हैं, लेकिन प्रखण्ड कार्यालय के लोग उनकी ओर किसी तरह का ध्यान नहीं देते हैं। यही कारण है कि पहाड़िया समुदाय खासकर युवा वर्ग पारम्परिक स्वशासन को महत्त्व नहीं देते हैं। उनका कहना है कि यहाँ के लोगों का अधिकांश समय जीविका चलाने के उपाय ढूँढ़ने में चला जाता है, तो क्या बैठक करेंगे।

**ग्रामसभा की भूमिका :** पहाड़िया समुदाय के बीच ग्रामसभा का पहले नाम था लेकिन वर्तमान में समाप्त हो गया है। वहाँ के लोग कहते हैं कि जो भी आते हैं अपने अनुसार ग्रामसभा की बैठक करते हैं। ग्रामसभा क्या है और इसका क्या महत्त्व है इसे कोई नहीं जानता है।

**पंचायत की जानकारी और सोच :** पहाड़िया समुदाय के लोगों को पंचायत की जानकारी है, वे पंचायत चुनाव चाहते भी हैं। उनका कहना है कि पंचायत चुनाव के बाद ही गाँव का अपेक्षित विकास सम्भव हो सकता है। लेकिन कुछ युवक जो अन्य जगहों पर आते-जाते हैं उनका मानना है कि पंचायत चुनाव से भी पहाड़िया समुदाय को लाभ नहीं है। क्योंकि पहाड़िया की जनसंख्या संताल परगना में एक लाख चौदह हजार है, जबकि संतालों की जनसंख्या चौदह लाख छियासठ हजार है। ऐसी स्थिति में पहाड़िया समुदाय के लोग पंचायत प्रतिनिधि कैसे चुन कर आ सकते हैं। इससे सिर्फ संताल समुदाय ही लाभान्वित हो सकेंगे और पहाड़िया समुदाय का अन्त हो सकता है।

## पंचायती राज

पहाड़िया समुदाय पंचायती व्यवस्था से परिचित नहीं हैं, किन्तु पंचायत का नाम सुने हैं और पंचायत चुनाव चाहते भी हैं, लेकिन वे लोग पंचायती राज से लाभ महसूस नहीं कर रहे हैं। वे समझते हैं कि पहाड़िया समुदाय से कोई मुखिया या अन्य सदस्य नहीं बन पाएगा। चूँकि पहाड़िया समुदाय की संख्या संताल समुदाय की तुलना में काफी कम है और दुमका क्षेत्र अन्तर्गत मैदानी इलाकों में अधिकांशतः संताल समुदाय के ही लोग हैं। ऐसी स्थिति में संताल समुदाय का व्यक्ति ही मुखिया या अन्य सदस्य बन पाएगा और इससे पहाड़िया समुदाय को लाभ नहीं हो सकता है।

ग्राम मुर्गाथली का एक युवक मनोहर देहरी का कहना है कि विकास के लिए पंचायत प्रणाली का होना जरूरी है। किन्तु पहाड़िया समुदाय को इससे लाभ नहीं होना है। मनोहर देहरी और पहाड़िया नेता गयालाल देहरी का मानना है कि लोकसभा और विधानसभा में पहाड़िया समुदाय से एंग्लो-इंडियन के रूप में मनोनीत व्यक्ति होना चाहिए जो पहाड़िया समुदाय के लिए सोच सके।

ग्राम पोखरीया में 1978 का मुखिया 76 वर्षीय कादरू देहरी है जो महुआगड़ी पंचायत का मुखिया है। गाँव वाले जब आपसी विवाद का हल गाँव स्तर पर नहीं कर पाते हैं तो पंचायत मुखिया के पास जाते हैं और वहाँ भी हल नहीं होने पर थाना-पुलिस में जाते हैं। पुरानी पंचायत से गाँव को फायदा नहीं होने से भी यहाँ के लोग निराश हैं।

## गाँव की स्थिति

गाँव में खेती योग्य जमीन बहुत कम है, क्योंकि पहाड़ी इलाका है। कुछ जंगल को काटकर खेती योग्य भूमि बनाई गई है। जमीन का पट्टा सभी के पास है। ग्राम पोखरीया और निझोर में प्रधान जमीन का मालगुजारी वसूल कर कर्मचारी को देते हैं जबकि ग्राम मुर्गाथली में जमीन का मालगुजारी कर्मचारी ही वसूलते हैं। पहाड़ी इलाका होने के कारण यहाँ की अधिकांशतः जमीन बंजर है।

गाँव में जो भी जंगल है उस पर वन विभाग का अधिकार है। जंगल से गाँव वालों को तेंदू पत्ता, सखुआ पत्ता और लकड़ी मिलते हैं। महिलाएँ सखुआ पत्ता से पत्तल बनाकर और जंगल से लकड़ी काटकर शहर में ले जाकर बेचती हैं। तेंदू पत्ता को इकट्ठा करके बेचना भी आय का एक जरिया है।

पहाड़िया समुदाय अपने को हिन्दू बताते हैं और हिन्दू देव हनुमान जी के अलावा पहाड़ पूजा में ठाकुर देव के नाम से भगवान शिव की पूजा भी करते हैं। पूजा-पाठ देहरी करता है। शादी-ब्याह भी हिन्दू रीति से ही होता है। यहाँ लड़की की शादी प्रायः 14-15 के बाद और लड़के की शादी 20 के बाद कर दी जाती है।

ग्राम पोखरीया और निझोर में किसी तरह का स्वास्थ्य केन्द्र नहीं है। ग्राम मुर्गाथली में उप-स्वास्थ्य केन्द्र तो है, किन्तु वहाँ कोई भी स्वास्थ्यकर्मी नहीं रहता। गम्भीर स्थिति में लोग प्रखण्ड के स्वास्थ्य केन्द्र में जाते हैं। यहाँ अधिकांशतः कालाजार और मलेरिया से लोगों की मृत्यु होती है। गाँव में जड़ी-बूटी से भी इलाज किया जाता है।

शिक्षा की स्थिति यह है कि ग्राम पोखरीया और निझोर में प्राइमरी स्कूल है और ग्राम मुर्गाथली में आवासीय मध्य विद्यालय है। स्कूल में मध्याह्न भोजन में चावल, दाल और सब्जी मिलता है। पढ़ाई के प्रति सभी की रुचि है। प्रत्येक गाँव में 4-5 मैट्रिक व 3-4 इण्टर पास लोग हैं। सभी बच्चों को पढ़ाना चाहते हैं। किन्तु आर्थिक स्थिति कमजोर होने के कारण शिक्षा के क्षेत्र में आगे नहीं बढ़ पाते।

विकास का आलम यह है कि ग्राम निझोर और मुर्गाथली में कुछ लोगों को इन्दिरा आवास और बिरसा आवास मिला है, किन्तु ग्राम पोखरीया में किसी को भी किसी भी तरह का आवास नहीं मिला है। सिर्फ ग्राम कौरैया में दीनदयाल आवास कुछ लोगों को मिला है। वृद्धा पेंशन या राशन कार्ड किसी को भी नहीं मिला है। गाँव में बिजली कहीं भी नहीं है। सड़क की स्थिति बहुत ही खराब है। पीने के पानी की समस्या है। गाँव हाथी के आतंक से परेशान है, लेकिन वन विभाग की ओर से इससे निपटने का किसी भी तरह का प्रयास नहीं चल रहा है। जबकि गाँव वाले किसी भी तरह से विकास चाहते हैं।

## प्रधान/प्रबुद्ध व्यक्ति

ग्राम निझोर, पोखरीया और मुर्गाथली के प्रधान का कहना है कि पारम्परिक व्यवस्था से कोई लाभ नहीं है। यहाँ पंचायत चुनाव होना जरूरी है। क्योंकि पंचायत से ही विकास का काम हो सकता है। किन्तु पहाड़िया समुदाय के लोग मुखिया बनेंगे तभी पहाड़िया समुदाय का विकास सम्भव है। इसके अलावा गाँव की पारम्परिक व्यवस्था से लाभ सिर्फ इतना है कि विवाद का हल प्रायः हो जाता है जबकि गाँव के प्रबुद्ध जनों का मानना है कि पुरानी व्यवस्था से कोई लाभ नहीं है। पंचायत चुनाव बहुत जरूरी है। पंचायत चुनाव के बाद ही गाँव का विकास सम्भव है। इन गाँवों के प्रधानों व प्रबुद्ध जनों को पेसा की न तो जानकारी है और न ही किसी तरह का विवाद है।

## ग्राम कौरैया, पंचायत कौरैया प्रखण्ड दुमका की स्थिति

कौरैया गाँव में आधी आबादी आदिवासियों की है और आधी गैर आदिवासियों की। 80 आदिवासी परिवारों के इस गाँव में पचास परिवार पहाड़िया समुदाय के व शेष 30 परिवार संताल समुदाय के हैं। इस गाँव में रहनेवाले आदिवासी पहाड़िया अपने

को हिन्दू धर्म का बताते हैं। इस गाँव में प्रधान नहीं है सिर्फ गोड़ाइत है। इसके अलावा पुरानी व्यवस्था से सम्बन्धित कोई भी कार्य व्यवहार में नहीं है।

जब आपसी विवाद होता है, तब लोग गोड़ाइत को सूचना देते हैं। गोड़ाइत गाँव वालों को खबर करता है। कुछ व्यक्ति मिलकर बैठक कर विवाद का निपटारा करते हैं। विवाद का निपटारा नहीं होने पर लोग थाना-पुलिस को जाते हैं।

गाँव में बैठक की अध्यक्षता कोई नहीं करता है। पंचायत की जानकारी यहाँ किसी को भी नहीं है। किन्तु पंचायत के प्रति रुचि है। लोग उम्मीदवार भी बनने को तैयार हैं।

इस गाँव में प्रखण्ड दुमका से दीनदयाल आवास 25 परिवारों को मिला है। लगभग 10 घर में बिजली भी है। किन्तु सड़क नहीं है। गाँव में पूजा-पाठ/शादी-ब्याह गोड़ाइत ही कराता है। गोड़ाइत को किसी तरह की जमीन नहीं मिली है। गाँव में प्रधानी जमीन भी नहीं है। पारम्परिक व्यवस्था भी सिर्फ नाम की रह गई है।

विवाद के मामले में इस गाँव के जब पहाड़िया समुदाय के बीच विवाद होता है तब सिर्फ पहाड़िया लोग ही बैठक में भाग लेते हैं। लेकिन जब पहाड़िया और संताली के बीच विवाद होता है तब दोनों समुदाय बैठक में भाग लेते हैं। विवाद का निपटारा नहीं होने पर लोग थाना-पुलिस में भी जाते हैं।

चूँकि यहाँ पहाड़ी इलाका होने के कारण खेती कम होती है। यहाँ की अधिकांशतः भूमि बंजर है। गोचर भूमि और गैर मजरुआ भूमि भी है। इसलिए प्रायः लोग गाँव से पलायन कर रहे हैं।

## निष्कर्ष

- पहाड़िया समुदाय की पारम्परिक स्वशासन व्यवस्था गाँव स्तर पर भी नाममात्र की ही रह गई है। इस समुदाय के लोगों को किसी भी व्यवस्था पर विश्वास नहीं रह गया है। ना उन्हें पारम्परिक स्वशासन पर विश्वास है और न ही पंचायती राज पर। पहाड़िया समुदाय को तो पंचायत से एतराज नहीं है, किन्तु लाभ महसूस नहीं कर रहे हैं। क्योंकि उनकी जनसंख्या संतालों की तुलना में काफी कम है। पहाड़िया समुदाय के पास पहाड़ पर बसने के कारण खेती योग्य भूमि कम है और गाँव में रहने की उचित व्यवस्था भी नहीं है जिससे उनकी संख्या घटती जा रही है। वे गाँव से पलायन कर रहे हैं।
- पहाड़िया समुदाय के अनुसार पारम्परिक स्वशासन तो गाँव में शान्ति बनाए रखने के लिए गाँव स्तर की व्यवस्था है किन्तु विकास के लिए पंचायत चुनाव अनिवार्य है।

### 4.1.5 हो समुदाय

दिनांक 6 दिसम्बर, 2005 से 2 दिसम्बर, 2005 तक चाईबासा जिलान्तर्गत प्रखण्ड चाईबासा के ग्राम बरकुंडीया, प्रखण्ड टोन्टो के ग्राम गुंडीपुसी, प्रखण्ड झिंकपानी के ग्राम नावागाँव और प्रखण्ड खुटपानी के ग्राम करकटा में शोध कार्य किया गया। नावागाँव की जनसंख्या 2000 के लगभग है। बरकुंडीया और गुंडीपुसी की आबादी भी 1200 के लगभग है। 'हो' समुदाय के लोग सरना धर्म को मानते हैं।

| | गाँव | पंचायत | प्रखंड | जिला |
|---|---|---|---|---|
| (1) | नावागाँव | जोरापोखर | झिंकपानी | प. सिंहभूम |
| (2) | बरकुंडीया | बरकुंडीया | चाईबासा | प. सिंहभूम |
| (3) | गुंडीपुसी | बामेबसा | टोन्टो | प. सिंहभूम |

**पारम्परिक स्वशासन की भूमिका :** हो समुदाय के बीच पारम्परिक स्वशासन व्यवस्था अन्य समुदायों से ज्यादा अच्छी है और यह दो स्तरों पर देखने को मिलता है मुंडा और मानकी। हो समुदाय की पारम्परिक स्वशासन व्यवस्था को मुंडा-मानकी व्यवस्था के नाम से लोग जानते हैं। ग्राम बरकुंडीया और गुंडीपुसी में पारम्परिक स्वशासन की स्थिति गाँव स्तर पर अच्छी है, किन्तु नावागाँव की पारम्परिक स्वशासन व्यवस्था की वर्तमान स्थिति काफी कमजोर पड़ गई है।

**पारम्परिक स्वशासन के पदधारकों की वर्तमान स्थिति :** इसके अन्तर्गत मुंडा गाँव का प्रधान होता है। इसका मुख्य काम बैठक का नेतृत्व करना, विवादों का निपटारा करना और लगान वसूलना है। यद्यपि कि मुंडा का पद वंशानुगत नहीं है। फिर भी पुराने मुंडा के पारिवारिक सदस्य का नए पद के लिए चुनाव किया जा सकता है। मानकी पद का गाँव में विशेष स्थान होता है और जो भी इस पद पर बैठता है उसकी मान्यता पूरे 12 गाँव में मानी जाती है। प्राप्त जानकारी के अनुसार मानकी और मुंडा का चुनाव आम सहमति से किया जाता है और यदि कोई पदधारक अपनी जिम्मेदारियों का निर्वहन नहीं करता है तो गाँववासी बैठक के जरिए उसको बर्खास्त कर सकते हैं। यदि मुंडा अपने पद से इस्तीफा दे देता है तो गाँव वाले नये मुंडा का चुनाव कर लेते हैं। एक अन्य पद है डाकुआ जो मुंडा के निर्देश पर गाँव वालों को बैठक की सूचना देता है। दिउरी पूजा-पाठ कराता है। वर्तमान में मानकी का सिर्फ नाम है काम नहीं रह गया है। जबकि पहले मानकी का काम मुंडा से मालगुजारी लेकर ट्रेजरी में जमा करना था, लेकिन अब मुंडा स्वयं मालगुजारी वसूल कर अंचल कार्यालय में जमा करते हैं। मानकी का दूसरा काम गाँव स्तर पर उठनेवाले उन विवादों का निपटारा करना भी था जिनका समाधान मुंडा से नहीं हो पाता था। लेकिन वर्तमान में प्रायः विवाद का निपटारा गाँव स्तर पर ही हो जाता है और जिस विवाद का निपटारा गाँव स्तर पर नहीं होता है वह थाना-पुलिस जाता है। इसके

अलावा तहसीलदार और यात्रा दिउरी भी गाँव में होते थे, लेकिन इनका उपयोग आज समाप्त हो गया है।

**पदधारक को लाभ :** इस समुदाय में पारम्परिक स्वशासन व्यवस्था से जुड़े किसी भी सदस्य को किसी तरह की मानजमीन नहीं मिली है। उनका कहना है कि कोल्हान क्षेत्र के लोग हमेशा स्वतन्त्र रहे हैं उन्होंने किसी की दासता स्वीकार नहीं की, जिसके कारण उन्हें मानजमीन नहीं मिली। पदधारक को पहले बिहार सरकार के समय वसूले गए लगान का 16 प्रतिशत मुंडा को, 10 प्रतिशत मानकी को और 2 प्रतिशत तहसीलदार को मिलता था साथ ही 75 रुपये भत्ता भी मिलता था। लेकिन झारखण्ड अलग होने के बाद ब्लॉक ऑफिस से मानदेय के रूप में मुंडा को 1000, मानकी को 1500 और डाकुआ को 500 रुपये मासिक मानदेय देने का प्रावधान किया गया है। लेकिन अभी तक सिर्फ एक बार ही दिया गया है। इसके अलावा पदधारक को गाँव में प्रतिष्ठा मिलती है जिसके कारण वे पारम्परिक व्यवस्था से जुड़े हैं।

**बैठक की स्थिति :** पारम्परिक स्वशासन व्यवस्था के तहत गाँव में बैठक नियमित नहीं होती है। जब विवाद की स्थिति होती है या पर्व-त्योहार का समय आता है तभी बैठक होती है।

**निर्णय-प्रक्रिया :** किसी तरह का विवाद होने पर लोग गाँव के मुंडा को सूचित करते हैं और मुंडा डाकुआ के हाथों गाँव में सूचना भिजवाता है। तब एक जगह इकट्ठे होते हैं और सर्वसम्मति से फैसला करते हैं। प्रायः विवाद का निपटारा गाँव स्तर पर ही हो जाता है, फैसला नहीं होने पर ही लोग थाना-पुलिस जाते हैं।

**मालगुजारी :** मुंडा गाँव का मालगुजारी वसूल कर अंचल कार्यालय में जमा करते हैं।

**अन्य समुदाय की भूमिका :** हो समुदाय के बीच पारम्परिक स्वशासन में विवाद की स्थिति में अन्य समुदायों की भागीदारी होती है। अन्य समुदायों से भी विवाद होने पर मुंडा के नेतृत्व में ही फैसला होता है।

महिलाएँ भी पारम्परिक स्वशासन व्यवस्था को मुंडा-मानकी व्यवस्था के नाम से जानती हैं। गाँव स्तर पर मुंडा, डाकुआ और दिउरी से परिचित हैं। बैठक जब भी होती है, महिलाएँ भाग लेती हैं किन्तु बैठक में कुछ बोल नहीं पाती हैं। निर्णय 2-4 पुरुष ही करते हैं, बाकी महिला पुरुष खामोश रहते हैं और उनकी खामोशी को सहमति मान लिया जाता है। महिलाएँ गाँव में कृषि कार्य के अलावा स्वयं सहायता समूह बनाकर बचत कर स्वरोजगार करने का प्रयास कर रही हैं। गाँव समाज में महिलाओं की उपेक्षा नहीं है। महिलाएँ पारम्परिक व्यवस्था को एक हद तक इसलिए अच्छा मानती हैं कि यदि किसी का बलात्कार होता है तो उसका फैसला गाँव में हो जाता है, किन्तु पंचायत चुनाव होने पर अधिकांश मामले थाना-पुलिस के पास

जाएंगे और थाना-पुलिस महिलाओं के इस तरह के मामले में कई तरह के उल्टे-सीधे सवाल करती है जो महिलाओं के लिए कष्टदायी होते हैं। ऐसा वे मानती हैं।

महिलाएं कहती हैं कि यदि मैं गाँव का प्रधान होती तो गाँव में विकास के लिए सड़क, बिजली, सिंचाई की व्यवस्था और बच्चों की पढ़ाई पर ध्यान देती। कुछ महिलाएँ कहती हैं कि यदि पंचायत चुनाव होता है तो उम्मीदवार बनने को तैयार हैं।

गाँव के कुछ युवक कृषि कार्य कर रहे हैं, कुछ पढ़ रहे हैं और कुछ मजदूरी भी कर रहे हैं। युवक भी पारम्परिक स्वशासन व्यवस्था से जुड़े मुंडा, डाकुआ और दिउरी को जानते हैं। मानकी शब्द का नाम सुने हैं, किन्तु मानकी के कार्य-व्यवहार से परिचित नहीं हैं। युवक भी गाँव के स्वशासन को अच्छा मानते हैं।

युवक को पंचायत की जानकारी नहीं है, किन्तु उन्होंने पंचायत चुनाव का नाम सुना है। ग्राम बरकुंडीया, गुंडीपुसी और करकटा के युवक जो पंचायत चुनाव से असहमत हैं। इन असहमत युवकों का कहना है कि गाँव का विकास तो हो रहा है, किन्तु आवश्यकतानुसार नहीं हो रहा है। विकास के लिए सरकारी योजनाएँ गाँव तक बहुत कम पहुँचती हैं, किन्तु वे पंचायत चुनाव से सहमत नहीं हैं। लेकिन झिंकपानी प्रखण्ड के ग्राम नावागाँव के युवक पंचायत चुनाव से सहमत हैं, उनका मानना है कि अभी प्रखण्ड कार्यालय जाने पर उन्हें कोई महत्त्व नहीं देता। पंचायत चुनाव होने के बाद मुखिया के माध्यम से वे प्रखण्ड कार्यालय तक पहुँच पाएँगे और विकास योजनाएँ मुखिया द्वारा अपने गाँव तक पहुँचा पाएँगे।

**प्राकृतिक/अन्य संसाधन :** कोल्हान क्षेत्र प्राकृतिक संसाधनों से भरा है। ग्राम गुंडीपुसी, बरकुंडीया और नावागाँव में जंगल, पहाड़ पर्याप्त मात्रा में हैं और इन पर गाँव वालों का ही अधिकार है। ऐसी गाँव में मान्यता है।

**गाँव के विकास में पारम्परिक स्वशासन की भूमिका :** गाँव के विकास में पारम्परिक स्वशासन की किसी तरह की भूमिका नहीं है। क्योंकि विकास के लिए पारम्परिक स्वशासन से जुड़े सदस्यों को कहीं से भी विकास के लिए आर्थिक सहायता नहीं मिलती है।

**ग्रामसभा की भूमिका :** हो समुदाय के बीच ग्रामसभा तो है लेकिन इसकी बैठक नहीं होती है। जब कभी ग्रामसभा की बैठक होती है उसमें पेसा की बात उठाई जाती है। लेकिन पेसा में चुनाव शब्द होने के कारण लोग पेसा से भी सहमत नहीं हैं।

## पंचायती राज व्यवस्था

हो समुदाय में पंचायती राज व्यवस्था की जानकारी अधिकांश लोगों को नहीं है। कुछ लोगों को थोड़ी-बहुत जानकारी है, किन्तु अधिकांश व्यक्ति पंचायत चुनाव से

सहमत नहीं हैं। गाँव वालों का कहना है कि जब हमारी पारम्परिक स्वशासन व्यवस्था है ही तो पंचायत चुनाव क्यों जरूरी है? उनको डर है कि पंचायत चुनाव से उनकी व्यवस्था समाप्त हो जाएगी और गाँव में आपस में टकराव बढ़ेगा। ग्राम करकटा, गुडीपुसी, बरकुंडीया, सिकुरसाई में पंचायत चुनाव का विरोध कर रहे हैं। लेकिन झिंकपानी प्रखण्ड के ग्राम नावागाँव में पंचायत चुनाव से सहमत हैं। ग्राम नावागाँव के अधिकांश लोगों का कहना है कि विकास के लिए पंचायत चुनाव जरूरी है। श्रमजीवी उन्नयन, चाईबासा के सुपरवाइजर श्रीमती गीता बालमूचू और श्री भूदेव भक्त, जो झिंकपानी प्रखण्ड में स्वयं सहायता समूह बनाने का कार्य कर रहे हैं। उनका कहना है कि झिंकपानी के 10 पंचायत के 51 गाँव में काम चल रहा है और उन्होंने देखा है कि अधिकांश लोगों की पंचायत के प्रति रुचि है और वे पंचायत चुनाव से सहमत भी हैं।

किन्तु मुंडा-मानकी पंचायत चुनाव से सहमत नहीं हैं। अधिकांश लोगों को पेसा की भी जानकारी नहीं है। क्योंकि पेसा में भी चुनाव की बात है इसलिए मुंडा-मानकी चुनाव से सहमत नहीं हैं। वे लोग पारम्परिक स्वशासन व्यवस्था को मान्यता देने की बात करते हैं।

## गाँव की स्थिति

गाँव में खेती योग्य जमीन प्रायः लोगों के पास है। जिस व्यक्ति के पास जमीन नहीं है उसके लिए मुंडा परती जमीन से बन्दोबस्त करता है। किन्तु खेतों में सिंचाई का साधन नहीं है। गाँव के लोग मौसम पर निर्भर करते हैं, यदि बारिश हुई तो कुछ धान हो पाता है। गाँव में रबी फसल गेहूँ नहीं के बराबर है।

ग्राम करकटा और ग्राम गुंडीपुसी में कुछ जंगल पहाड़ है, किन्तु बरकुंडीया और नावागाँव में जंगल पहाड़ नहीं है। जहाँ जंगल है वहाँ कुछ जड़ी-बूटी और जलावन की लकड़ी के साथ ही फर्नीचर के लिए भी लकड़ी मिल जाती है।

हो समुदाय सरना धर्म को मानते हैं। यहाँ के प्रायः सभी त्योहार-पर्व खेती व प्रकृति से जुड़े हुए हैं। त्योहार-पर्व में माघे पर्व—जो फरवरी माह में मनाया जाता है, बहा पर्व—सरहुल के रूप में मनाया जाता है, बाबा हेरमूठ—धान छिटने के पहले मनाया जाता है, हेरो—कीड़े-मकोड़े से फसल के बचाव के लिए मनाया जाता है, जतरा—बरसात के लिए, वातावली—यह भी कीड़े-मकोड़े से बचाव के लिए मनाया जाता है। जोमनामा—नया धान खाने से पहले मनाया जाता है। कर्मा बहुत कम लोग मनाते हैं यह खुशी होने पर मनाया जाता है।

हो समुदाय में शादी-ब्याह सिर्फ अपने समुदाय में होता है। लड़की की शादी 16-17 में और लड़के की शादी 20-21 में हो जाती है। तिलक-दहेज का प्रचलन नहीं है। लोग खुशी से एक-दूसरे को सहयोग करते हैं।

स्वास्थ्य के मामले में प्रायः सभी गाँव में उप-स्वास्थ्य केन्द्र हैं, किन्तु स्वास्थ्य केन्द्र खुलते शायद ही हैं। सिर्फ एक ए.एन.एम. आती है। डॉक्टर कभी भी नहीं आते हैं। ज्यादा बीमार पड़ने पर लोग चाईबासा के स्वास्थ्य केन्द्र या प्राइवेट चिकित्सा केन्द्र में इलाज करवाते हैं। गाँव में जड़ी-बूटी से भी इलाज होता है। झाड़-फूँक बहुत कम होता है। आर.एम.पी. चिकित्सक घूम-घूमकर भी इलाज करते हैं। पोलियो की खुराक सभी गाँववासी अपने बच्चों को दिलवाते हैं। महिलाओं के लिए प्रसव सम्बन्धी सुविधाओं की कोई विशेष व्यवस्था नहीं है। अप्रशिक्षित महिलाएँ और उस महिला का पति ही प्रसव कराता है।

ग्राम गुंडीपुसी में प्राइमरी स्कूल है, नावागाँव, बरकुंडीया और करकटा में मिडिल स्कूल है। शिक्षा के महत्त्व को समझते तो सभी हैं, किन्तु बहुत कम लोग बच्चों को स्कूल भेजते हैं। स्कूल में मध्याह्न भोजन मिलता है। स्कूल की सूची में जितने बच्चे हैं उसका 50 प्रतिशत ही स्कूल जा पाते हैं।

विकास कार्यों के अन्तर्गत ब्लॉक कार्यालय से कुछ को इन्दिरा आवास मिला है। कुआँ और चापाकल भी कुछ स्थानों पर बने हैं। कहीं-कहीं छोटे-छोटे पुलिया भी बने हैं। राशन कार्ड बहुत कम लोगों के पास हैं। कुछ को वृद्धा पेंशन भी मिलती है। प्रत्येक गाँव में आँगनबाड़ी है और 5-6 महिलाओं को मातृत्व लाभ योजना भी मिली है।

सभी गाँवों में सड़क कच्ची है। किन्तु बिजली सिर्फ झिंकपानी प्रखण्ड के ग्राम नावागाँव में है। करीब तीन माह पहले नावागाँव में बिजली पहुँची है किन्तु उसका कनेक्शन अभी तक नहीं मिल पाया है। बरकुंडीया, करकटा और गुंडीपुसी में भी बिजली नहीं है।

बिहार-झारखण्ड के अधिकांश गाँवों की तरह यहाँ भी रोजगार की स्थिति बहुत ही खराब है। रोजगार के लिए ग्राम बरकुंडीया से 15 प्रतिशत, नावागाँव से 50 प्रतिशत और गुंडीपुसी तथा करकटा से लगभग 25 प्रतिशत लोग पलायन करते हैं। नावागाँव के कुछ लोग गाँव में स्थित स्पंज आइरन की फैक्ट्री और झिंकपानी की सीमेंट फैक्ट्री में काम करते हैं और शेष लोग कलकत्ता, मुम्बई, उड़ीसा, बंगाल, पंजाब पलायन करते हैं। नावागाँव में स्पंज आइरन के डस्ट गिरने और खेतों तक बहकर पहुँचने से खेत की उर्वराशक्ति भी समाप्त हो गई है। जिससे वहाँ खेती बहुत ही कम हो पाती है।

## गाँव का प्रधान/प्रबुद्ध व्यक्ति

बरकुंडीयां ग्राम के मुंडा दान सिंह मुंडा, ग्राम गुंडीपुसी के मुंडा लुकना, ग्राम नावागाँव के मुंडा मोरान सिंह तामसोय, ग्राम करकटा के मुंडा रोतोराय सुंडी और ग्राम

जोरापोखर के मुंडा सुश्री लक्ष्मी मुंडा का कहना है कि गाँव की पारम्परिक व्यवस्था ही गाँव के लोगों के बीच आपसी सद्भाव बनाए हुए है। इस व्यवस्था के कारण गाँव की बातें गाँव में ही रह जाती हैं और आसानी से कम खर्च में फैसला हो जाता है। इनका मानना है कि पंचायत व्यवस्था से हमारी पारम्परिक स्वशासन व्यवस्था समाप्त हो जाएगी। इसलिए हम लोग पंचायत को स्वीकार नहीं करेंगे। सरकार हमारी पारम्परिक स्वशासन व्यवस्था के तहत ही विकास का प्रयास करे।

## निष्कर्ष

- 'हो' समुदाय की पारम्परिक स्वशासन व्यवस्था गाँव स्तर पर यानि मुंडा तक सीमित है। क्योंकि अधिकांश विवादों का हल मुंडा द्वारा आसानी से हो जाता है।
- मानकी जो स्वशासन व्यवस्था का दूसरा स्तर कहा जाता है, उसका पहले महत्त्व था, किन्तु वर्तमान में महत्त्व नहीं रह गया है, क्योंकि मानकी कार्य व्यवहार में नहीं है।
- पंचायत चुनाव मुंडा और मानकी नहीं चाहते हैं। मुंडा-मानकी सेलेक्शन चाहते हैं, किसी भी हालत में इलेक्शन यानि पंचायत या पेसा चुनाव नहीं चाहते हैं।
- गाँव स्तर पर मुंडा जिस तरह का निर्देश देता है गाँव वाले वैसा ही करते हैं। हो समुदाय में मुंडा को काफी महत्त्व दिया जाता है।
- पेसा का नाम नहीं सुने हैं और किसी तरह के चुनाव से सहमत भी नहीं हैं।
- लोगों का कहना है कि चुनाव नहीं चाहिए, सर्वसहमति चाहिए।
- झिंकपानी प्रखण्ड के अधिकांश लोग पंचायत चुनाव से सहमत हैं क्योंकि उनका कहना है कि पंचायत चुनाव के बाद ही गाँव का विकास सम्भव है।
- जहाँ लोग पंचायत चुनाव से सहमत नहीं हैं, वहाँ भी कुछ महिलाएँ पंचायत चुनाव में उम्मीदवार बनने के लिए तैयार हैं।

# भाग-5

## 5.1 पारम्परिक प्रधानों का सम्मेलन

### ❑ उरांव समुदाय के प्रधानों का सम्मेलन

**बी.एस. कॉलेज, लोहरदगा**

उराँव समुदाय की पारम्परिक स्वशासन व्यवस्था वर्तमान में सिर्फ गाँव स्तर तक ही है। जिसमें प्रायः लोग पारम्परिक स्वशासन व्यवस्था के सही स्वरूप से भी परिचित नहीं हैं। यहाँ विवादों का निपटारा महतो द्वारा किया जाता है। निपटारा नहीं होने पर लोग थाना-पुलिस में ही जाते हैं। प्रायः गाँव का मालगुजारी कर्मचारी ही वसूलते हैं। पारम्परिक स्वशासन व्यवस्था की कमजोरी का कारण लोग पंचायती व्यवस्था का होना मानते हैं। उराँव समुदाय में वंशानुगत परम्परा को लोग अनुचित मानते हैं। लोगों का मानना है कि यदि वंशानुगत परम्परा नहीं रहती तो कई ऐसे योग्य व्यक्ति हैं जो गाँव का प्रतिनिधित्व कर सकते हैं और गाँव के विकास के लिए प्रयास कर सकते हैं। लोग स्वीकार करते हैं कि महिलाएँ पारम्परिक स्वशासन व्यवस्था की बैठक में भाग नहीं लेती हैं। किन्तु वर्तमान में महिलाओं को भी बैठक में आने के लिए प्रयास किया जा रहा है। गाँव के लोगों का मानना है कि विकास के लिए पंचायती व्यवस्था का होना अनिवार्य है और आपसी विवादों के निपटारे के लिए गाँव स्तर पर पारम्परिक स्वशासन व्यवस्था का होना जरूरी है। लोगों का मानना है कि दोनों व्यवस्था एक साथ चल सकती हैं। इस समुदाय में पेसा से लोग पूरी तरह परिचित नहीं हैं, जिसके कारण पेसा से सम्बन्धित अपना विचार देने में असमर्थ हैं। किन्तु लोगों का कहना है कि पेसा के तहत ग्रामसभा में आदिवासी समुदाय को अधिकार दिया गया है। जबकि झारखण्ड पंचायत में अधिकार नहीं दिया गया है।

### ❑ मुंडा समुदाय के प्रधानों का सम्मेलन, खूँटी

मुंडा समुदाय की पारम्परिक स्वशासन व्यवस्था गाँव स्तर पर ही देखने को मिलती है। ऊपर के स्तर पर पड़हा राजा का नाम कहीं-कहीं मिलता है, किन्तु उसका

काम किसी तरह का नहीं रह गया है। मुंडा समुदाय के लोग आपसी विवादों का निपटारा गाँव स्तर पर करने का प्रयास करते हैं और जव गाँव स्तर पर आपसी विवादों का निपटारा नहीं हो पाता तो वे थाना-पुलिस ही जाते हैं। यहाँ बैठक नियमित नहीं होती है जिसके कारण पारम्परिक स्वशासन व्यवस्था का नाम लोग भूलते जा रहे हैं। गाँव का मालगुजारी मुंडा वसूल कर अंचल कार्यालय में जमा करते हैं। गाँव के प्रधान को मानजमीन मिला है, जिस पर वो कृषि कर जीविकोपार्जन करते हैं। यहाँ दण्ड में ली गई रकम का किसी प्रकार का सदुपयोग नहीं होता है। यहाँ की पारम्परिक स्वशासन व्यवस्था से गाँव का किसी तरह का विकास नहीं होने के कारण लोग पारम्परिक स्वशासन व्यवस्था को भूलते जा रहे हैं। मुंडा समुदाय की पारम्परिक स्वशासन व्यवस्था में महिलाओं की भागीदारी नहीं है और इस व्यवस्था से जुड़े लोग महिलाओं को महत्त्व भी नहीं देते हैं। युवा वर्ग के लोग भी पारम्परिक स्वशासन व्यवस्था से अपरिचित हैं। लोग पंचायत प्रक्रिया से परिचित हैं किन्तु मुखिया की विशेष जानकारी है। पंचायत चुनाव से लोग लाभ भी महसूस करते हैं। लोगों का मानना है कि पंचायत चुनाव के बाद ही गाँव का विकास हो सकता है। उनका यह भी मानना है कि आपसी विवादों के निपटारे के लिए पारम्परिक स्वशासन व्यवस्था का होना अनिवार्य है, किन्तु विकास के लिए पंचायत चुनाव का होना भी जरूरी है। यहाँ पेसा 1996 की जानकारी किसी भी वर्ग के लोगों को नहीं है। ग्रामसभा भी सही ढंग से अस्तित्व में नहीं है और उसकी बैठक भी नहीं होती है।

### ❑ संताल समुदाय के प्रधानों का सम्मेलन

**ग्राम खिजुरिया, ब्लॉक दुमका**

संताल समुदाय के पारम्परिक प्रधानों का सम्मेलन दुमका के खिजुरिया ग्राम में किया गया। इस सम्मेलन में संताल समुदाय के मांझी और कई ग्रामीण बुद्धिजीवी का आगमन हुआ। इस सम्मेलन में आए प्रधानों का कहना है कि वर्तमान में पारम्परिक स्वशासन तो कमजोर जरूर पड़ गया है, किन्तु इस व्यवस्था की वजह से बहुत हद तक गाँव में आपसी सद्भावना कायम है। गाँव स्तर पर मुख्य कार्य मांझी का ही है और उसके साथ प्राणीक भी होते हैं जो मांझी का सहायक होता है। गोड़ाइत सूचना देनेवाला होता है, और पूजा-पाठ करानेवाले को नायकी कहते हैं। किसी भी विवाद का निपटारा गाँव स्तर पर नहीं होने पर गाँव के लोग सीधे थाना-पुलिस ही जाते हैं। जमीन, हत्या और बलात्कार सम्बन्धी मामले कोर्ट में लम्बित हैं। संताल समुदाय के लोग यह स्वीकार करते हैं कि विवाद के निपटारे में मिले दंड की रकम का सदुपयोग नहीं हो पाता है। दण्ड में ली गई रकम खाने-पीने में खत्म हो जाती है। यहाँ के लोग पारम्परिक स्वशासन में महिलाओं की भागीदारी नहीं होने के पीछे

सामाजिक कुरीतियाँ और बाधाएँ मानते हैं और यह भी स्वीकार करते हैं कि किसी भी बैठक में महिलाओं की भागीदारी अनिवार्य है। ग्रामसभा की बैठक किसी भी गाँव में नहीं होती है। पंचायत चुनाव के सम्बन्ध में संताल समुदाय के लोग कहते हैं कि पंचायत चुनाव तो जरूरी है ही। क्योंकि इसके अभाव में विकास का काम प्रभावित हो रहा है। किन्तु पंचायत या पेसा सम्बन्धी ठीक से जानकारी नहीं होने के कारण लोग पंचायत के महत्त्व को अच्छी तरह नहीं समझ पा रहे हैं। गाँव में मांझी या इस व्यवस्था से जुड़े लोग मुखिया के नाम और काम से परिचित हैं, किन्तु अन्य पदों से अनभिज्ञ हैं। दुमका क्षेत्र के संताल समुदाय के बुद्धिजीवी वर्ग के लोग पेसा के आधार पर पंचायत चुनाव की माँग करते हैं। उनका कहना है कि पेसा के तहत ग्रामसभा में आदिवासी समुदाय को गाँव की प्राकृतिक सम्पदा पर अधिकार दिया गया है। जो बहुत ही जरूरी है। किन्तु दुमका क्षेत्र के अन्य प्रधान या प्रबुद्ध व्यक्ति पेसा की जानकारी के अभाव में पेसा सम्बन्धी कुछ भी कह पाने में असमर्थ हैं। इतना जरूर मानते हैं कि विकास के लिए जहाँ पंचायत चुनाव का होना अनिवार्य है वहीं गाँव में आपसी विवाद को हल करने के लिए पारम्परिक व्यवस्था का रहना भी जरूरी है। दोनों व्यवस्थाएँ एक साथ चल सकती हैं। इनमें कहीं विवाद की स्थिति नहीं है।

### ❑ हो समुदाय के प्रधानों का सम्मेलन

**ग्राम छोटा जयपुर, ब्लॉक चाईबासा**

हो समुदाय का सम्मेलन प. सिंहभूम के चाईबासा प्रखण्ड के ग्राम छोटा जयपुर में हुआ। इस सम्मेलन में हो समुदाय के पारम्परिक स्वशासन व्यवस्था से जुड़े मुंडा और मानकी तथा कई गाँव के रैयत भी शामिल थे। हो समुदाय की पारम्परिक स्वशासन व्यवस्था वर्तमान में दो स्तरों पर देखने को मिलती है। पहला स्तर गाँव स्तर पर, जहाँ का प्रधान मुंडा कहलाता है और दूसरा स्तर इलाका स्तर पर यानि 20 से 28 गाँव पर जिसे मानकी कहा जाता है। मुंडा और मानकी का पद वंशानुगत है, लेकिन लोगों का कहना है कि मुंडा-मानकी का चुनाव होता है, किन्तु चुनाव उसके वंश के लोगों के बीच से ही होता है और सर्वसम्मति से होता है। लोगों का कहना है कि उसके वंश के तीन-चार भाई में से जो योग्य होता है, उसे ही मुंडा-मानकी के रूप में गाँव वाले सर्वसम्मति से चुनते हैं। लोगों से बात करने पर यह स्पष्ट होता है कि गाँव स्तर पर मुंडा का ही महत्त्व इस समुदाय के बीच है। मानकी का महत्त्व नहीं है, क्योंकि मानकी का काम वर्तमान में कुछ भी नहीं है। सभी विवादों का निपटारा मुंडा द्वारा ही किया जाता है। यहाँ तक जमीन बन्दोबस्ती मुंडा की अनुशंसा पर ही होता है। मुंडा जमीन का मालगुजारी वसूल कर अंचल कार्यालय में जमा करता है जबकि

मानकी का कहीं भी किसी तरह काम नजर नहीं आता है। कुछ मानकी भी इस बात को स्वीकार कर रहे हैं कि मालगुजारी मानकी के पास जमा होना चाहिए, लेकिन यह कुछ वर्षों से बन्द हो गया है, किन्तु अब प्रयास किया जा रहा है कि मालगुजारी मुंडा से प्राप्त किया जाए और मानकी उस मालगुजारी को ट्रेजरी में जमा करें। मानकी भी इस बात को स्वीकार करते हैं कि वर्तमान में मानकी का रोल नहीं के बराबर है, क्योंकि पहले के मानकी अपने काम के महत्त्व को नहीं समझे। लेकिन आजकल महत्त्व को समझने का प्रयास कर रहे हैं। मालगुजारी वसूलने के बदले में पहले मुंडा को 16 प्रतिशत, मानकी को 10 प्रतिशत और तहसीलदार को 2 प्रतिशत मिलता है, लेकिन झारखण्ड अलग होने के बाद 2001 से मुंडा को 1000, मानकी को 1500 और डाकुआ को 500 प्रति माह मानदेय देने का प्रावधान किया गया है। मुंडा-मानकी वंशानुगत परम्परा को छोड़ने से इनकार करते हैं। उनका कहना है कि चुनाव होगा लेकिन उनके वंश के लोगों के बीच से ही सर्वसम्मति से होगा। पारम्परिक स्वशासन में महिलाओं की भागीदारी कम होने के पीछे जहाँ कुछ लोगों का कहना है कि महिलाएँ रिश्तों का खयाल ज्यादा करती हैं और बड़ों के बीच बैठने से हिचकिचाती हैं। कुछ अन्य का कहना है कि महिलाएँ घरेलू कामकाज की वजह से बैठक में नहीं आ पाती हैं। इस समुदाय में लड़कियों को पैतृक सम्पत्ति पर अधिकार नहीं होता है, क्योंकि लड़कियाँ शादी के बाद दूसरे घर चली जाती हैं और वहाँ भी उनकी सम्पत्ति होती है। जबकि इस बैठक में आए कुछ लोगों का कहना है कि पारम्परिक स्वशासन व्यवस्था तो ठीक है, किन्तु इससे विकास नहीं हो पा रहा है और वंशानुगत परम्परा होने के कारण योग्य व्यक्ति को उम्मीदवार बनने का मौका नहीं मिलता है, जिससे पूरा गाँव प्रभावित होता है। मुंडा-मानकी का कहना है कि सदियों से चली आ रही परम्परा को सरकार क्यों खत्म कर देना चाहती है। यदि विकास की बात है तो सरकार इस परम्परा के द्वारा भी विकास कर सकती है। वे पारम्परिक स्वशासन व्यवस्था को लागू करने की माँग करते हैं। उनका कहना है कि पंचायती राज व्यवस्था से हमारा पारम्परिक स्वशासन खत्म हो जाएगा। जिसके कारण वे पंचायत चुनाव को स्वीकार करने को तैयार नहीं हैं और उन्हें चुनाव से आपत्ति है। इस समुदाय में मुंडा-मानकी को भी पेसा कानून की जानकारी नहीं है। दूसरी ओर पेसा कानून में पारम्परिक स्वशासन को पूरी तरह सम्मिलित नहीं किए जाने के कारण भी लोग पेसा को स्वीकार करने को तैयार नहीं हैं। उनका कहना है कि स्वशासन के तहत पेसा को स्वीकार करेंगे। लेकिन पेसा के तहत स्वशासन को स्वीकार नहीं करेंगे। इस तरह की बातें सिर्फ मुंडा-मानकी के द्वारा ही किया जाता है। गाँव के रैयत परिवर्तन और बदलाव की आवश्यकता महसूस करते हैं।

## ❑ पहाड़िया समुदाय के प्रधानों का सम्मेलन
## ग्राम पुसालडीह, ब्लॉक दुमका

पहाड़िया समुदाय का सम्मेलन दुमका जिला के ग्राम पुसालडीह में हुआ। इस सम्मेलन में पहाड़िया समुदाय के पारम्परिक स्वशासन व्यवस्था से जुड़े कई प्रधान और गाँव के ग्रामीण मौजूद थे। माल पहाड़िया समुदाय के लोग संताल परगना के दुमका जिलान्तर्गत निवास करते हैं। इनकी पारम्परिक स्वशासन व्यवस्था वर्तमान में भी है, किन्तु सिर्फ गाँव स्तर तक ही पारम्परिक स्वशासन व्यवस्था है। गाँव स्तर पर भी पारम्परिक स्वशासन कहीं-कहीं समाप्त हो गया है तो कहीं नाममात्र का रह गया है। गाँव पर छोटे-छोटे विवाद का निपटारा तो हो जाता है, किन्तु चोरी-डकैती, बलात्कार, हत्या जैसे विवादों का निपटारा थाना-पुलिस में ही जाता है। गाँव स्तर पर भी छोटे-छोटे विवाद का जब निपटारा नहीं हो पाता है, तब लोग थाना-पुलिस में ही जाते हैं। पहाड़िया समुदाय में कहीं भी पारम्परिक स्वशासन का दूसरा या तीसरा स्तर देखने को नहीं मिलता है। पहाड़िया समुदाय की जनसंख्या दिन-प्रतिदिन घटती जा रही है, वर्तमान में प्रायः सभी गाँवों में पहाड़िया की जनसंख्या 70 से 100 तक ही देखने को मिलती है। यहाँ पारम्परिक स्वशासन व्यवस्था की बैठक में अन्य समुदाय के लोग विवाद की स्थिति में नहीं जाते हैं, बल्कि थाना-पुलिस ही जाते हैं। पहाड़िया समुदाय में महिलाओं की भूमिका नहीं के बराबर है। विवाद होने पर पहाड़िया समुदाय के लोग महिलाओं को बैठक में आमन्त्रित नहीं करते हैं। किसी भी विवाद का निपटारा सिर्फ पुरुष वर्ग ही मिलकर करते हैं। यहाँ दण्ड में ली गई रकम का किसी तरह का सदुपयोग नहीं होता है, दण्ड में ली गई रकम लोग खाने-पीने में खत्म कर देते हैं। यहाँ विकास के लिए पारम्परिक स्वशासन व्यवस्था से जुड़े लोग किसी तरह का प्रयास नहीं करते हैं। मानजमीन यानि प्रधानी जमीन की वजह से लोग प्रधानी का काम करना यहाँ जरूरी समझते हैं। गाँव का प्रधान मालगुजारी वसूल कर अंचल कार्यालय में जमा तो करते हैं, किन्तु उन्हें इसके बदले कुछ भी नहीं दिया जाता है। पहाड़िया समुदाय की स्थिति दयनीय होने और शिक्षा की कमी की वजह से भी लोग यहाँ पारम्परिक स्वशासन व्यवस्था को भूलते जा रहे हैं। पहाड़िया समुदाय के सभी वर्ग के लोग पंचायत चुनाव से सहमत हैं। उनका कहना है कि पंचायत चुनाव के बाद ही गाँव का विकास हो सकता है। परन्तु पंचायती राज व्यवस्था की जानकारी ठीक से किसी भी वर्ग को नहीं है। अधिकांश मुखिया शब्द से लोग परिचित हैं ओर जानते हैं कि पंचायत चुनाव के बाद पंचायत स्तर पर एक मुखिया होगा, जो गाँव के विकास के लिए काम करेगा। पहाड़िया समुदाय से लोग उम्मीदवार बनने को भी तैयार हैं, क्योंकि उनकी संख्या काफी कम है और संतालियों की संख्या उनकी तुलना में बहुत ज्यादा है। इसलिए वे पंचायत

चुनाव में जीतने की सम्भावना कम बताते हैं। पेसा कानून की जानकारी पहाड़िया समुदाय के किसी भी वर्ग को नहीं है। सभी वर्ग के लोग पेसा का मतलब पेशा अर्थात् काम-धन्धा समझते हैं। ग्राम सभा का गठन पहाड़िया समुदाय के बीच नहीं हुआ है। ग्रामसभा का मतलब तक लोग नहीं जानते हैं, क्योंकि उन्हें किसी भी माध्यम से ग्रामसभा की जानकारी नहीं दी गई है।

पहाड़िया समुदाय के लोगों का मानना है कि पंचायत चुनाव तो जरूरी है ही लेकिन गाँव स्तर पर अपनी पुरानी स्वशासन व्यवस्था आपसी विवाद के निपटारे के लिए भी रहना जरूरी है। यदि आपसी विवाद का निपटारा गाँव स्तर पर नहीं होगा तब लोग पंचायत या थाना-पुलिस ही जाएँगे। इस समुदाय के लोग विकास के लिए पंचायत चुनाव का होना आवश्यक मानते हैं।

# भाग-6

## 6.1 पारम्परिक स्वशासन व्यवस्था के विशेष जानकारों से बातचीत

### ❑ हो समुदाय (कोल्हान क्षेत्र, चाईबासा)

**☆ मुकेश बिरूआ, अध्यक्ष, कोल्हान पौड़हाट विस्थापन प्रतिरोधी आदिवासी जनसंगठन, चाईबासा**

गाँव में जो भी बैठकी होती है, वह हमारा स्वशासन है। वह भी एक तरह की पंचायत है। क्योंकि इसमें बुद्धिजीवी लोग रहते हैं। हम लोग बोलते हैं मोयहोय यानि पंचगण का फैसला। बैठक में होते तो ज्यादा हैं, लेकिन कहने के लिए पाँच आदमी मोयहोय बैठते हैं। उनके फैसले को सर्वसम्मति मान लिया जाता है, इस तरह जब एक तरह की पंचायत हमारे यहाँ चल रही है, तो फिर दूसरी पंचायत की क्या जरूरत है?

विकास को हम इसी पंचायत से जोड़ना चाहते हैं। विल्किनसन रूल 20 के तहत मुंडा को निर्णय देने का अधिकार है जिसे चुनौती नहीं दी जा सकती है। कोल्हान कोर्ट में यदि विल्किनसन रूल 20 के तहत मुंडा ने निर्णय दे दिया है तो उसे चुनौती नहीं दी जा सकती है। दूसरी बात यह है कि सरकार की ओर से योजनाएँ आती हैं, योजना जैसे सड़क, नाली। आजकल देख रहे हैं कि गाँव में नाली बन रही है और इस नाली के 3 फुट चौड़ा और 2 फुट गहरा होने के कारण गाँव की गाय, भैंस, बकरी का पैर टूट जा रहा है। तो इससे हमारी अर्थव्यवस्था प्रभावित हो रही है। हमारा समाज सिर्फ आदमियों से ही नहीं बना है। इस समाज में आदमी के साथ पशु भी सम्मिलित हैं जिनका खयाल रखना आवश्यक है। आज की तारीख में एक आदिवासी समुदाय के पास इतनी क्षमता नहीं है कि तुरन्त गाय-बैल खरीद सके।

विकास का मतलब यह नहीं है कि गाँव की अर्थव्यवस्था प्रभावित हो। विकास की कोई योजना होनी चाहिए साथ ही साथ उस पर अमल भी होना चाहिए। अमल कब होगा जब लोग गाँव स्तर पर बैठकर निर्णय लें और विकास का काम अपने स्तर से करें। पाँचवीं अनुसूची के तहत पारम्परिक स्वशासन व्यवस्था को महत्त्व दिया गया है। हमारी परम्परा में सर्वसम्मति है, चयन नहीं है और यदि पंचायत चुनाव होता है, तो हमारी परम्परा प्रभावित होगी। क्योंकि चुनाव हमारी परम्परा में नहीं है।

गाँव में ग्रामसभा में पारम्परिक मुंडा ही अध्यक्ष होगा और उसकी मदद के लिए टीम की जरूरत होगी और पेसा कानून के तहत टीम दे सकते हैं। पारम्परिक व्यवस्था बिगड़े नहीं इसलिए पारम्परिक मुंडा ही उसका प्रधान होगा।

गाँव स्तर पर गाँव हो गया और कई गाँवों का होता है इलाका जिसका एक प्रधान मानकी होता है और कई इलाका मिलाकर एक पीढ़ बनता है और पीढ़ का भी एक प्रधान मानकी होता है और कई पीढ़ मिलाकर के पूरा कोल्हान बनता है। हम लोग ब्लॉक भी नहीं चाहते हैं। इन मानकियों में से ही एक प्रधान होता है उसमें उसके ऊपर होता है मुन्सिफ जो कालान्तर में यह मुन्सिफ वाला पद खत्म हो गया। उसके ऊपर है कोल्हान अधीक्षक जो कि आइ०ए०एस कैडर का होता है। उसके ऊपर है उपायुक्त, उसके ऊपर है आयुक्त, आयुक्त के ऊपर है सीधे राष्ट्रपति के स्थान पर राज्य का राज्यपाल होता है। इस कोल्हान को विल्किनसन रूल में अधिकार दिया गया है जो पारम्परिक है।

विकास के लिए कोल्हान का एक कौउंसिल होगा, जिसमें मानकी या कोई भी बुद्धिजीवी प्रमुख हो सकते हैं और वे विकास के लिए जिम्मेदार होंगे और सचिव के तौर पर डीसी हो सकते हैं। यह सारी व्यवस्था वहाँ से नियन्त्रित होगी और इलाका मानकी के द्वारा ग्रामसभा तक पहुँचेगी। कौउंसिल में बुद्धिजीवी को चयन कर भेजेंगे।

पेसा में गाँव को अधिकार देने की बात है उस अधिकार को तो हम लोग इस्तेमाल कर लेंगे। लेकिन पेसा पारम्परिक स्वशासन के तहत होगा ना कि स्वशासन पेसा के तहत होगा। पेसा को तभी हम लोग स्वीकार करेंगे जब हम लोग की पारम्परिक व्यवस्था के तहत सर्वसम्मति के आधार पर इसको लागू किया जाएगा।

मुकेश बिरुआ का कहना है कि झारखण्ड सरकार की पंचायत व्यवस्था के विकल्प के रूप में पारम्परिक व्यवस्था का प्रोफार्मा बनाया गया है। पारम्परिक व्यवस्था का विकल्प रूप होगा ग्रामसभा, इलाका सभा, पीढ़ सभा और पीढ़ मुतुल कुमूटि (जिला परिषद्)।

**☆ शिवचरण पाड़ैया, मानकी, ग्राम सिकुरसाई, प्रखण्ड चाईबासा, जिला प. सिंहभूम**

इनका कहना है कि पारम्परिक स्वशासन व्यवस्था में मुंडा-मानकी का पद वंशानुगत नहीं है। शिकायत आने पर और गलती साबित होने पर उसे हटा दिया जाता है। वैसी स्थिति में वंश की आवश्यकता नहीं पड़ती। अब गाँव वालों की जिम्मेदारी होती है कि वह किसको मुंडा या मानकी बनाएँ। शिवचरण पाड़ैया कहते हैं कि उनके बड़े चाचा को मानकी के पद से बर्खास्त कर दिया गया, जबकि उनके भी बड़े लड़के हैं लेकिन गाँव वालों ने उनको मानकी बनाया। गाँव वाले मुंडा-मानकी सर्वसम्मति से किसी को बना सकते हैं।

प्रधानी जमीन के विषय में बताते हुए वे कहते हैं कि प्रधानी जमीन वहाँ मिलती है जहाँ राजा-महाराजाओं का प्रचलन था। जबकि कोल्हान किसी के अधीन नहीं हैं यह न तो मुंडा के अधीन हैं और न मानकी के अधीन और न यहाँ कोई राजा-महाराजा है। यहाँ जब ब्रिटिश लोग आए उस समय जो उनके अधीन था उन्हीं को प्रधानी जमीन मिली। यहाँ जो भी लगान मुंडा द्वारा वसूला जाता था, वह मानकी को दिया जाता था। ब्रिटिश सरकार को नहीं दिया जाता था। पहले जब हम लोग लगान वसूलते थे यानि ब्रिटिश सरकार के समय में, उस समय भी हम लोग लगान सरकार को नहीं देते थे। क्योंकि मानकी उस इलाके का स्वयं जिम्मेदार होता है और गाँव वाले उससे सन्तुष्ट रहते थे और सुखी सम्पन्न रहते थे। इसलिए सरकार से ज्यादा प्रभावशाली इलाका मानकी होता था।

भारत सरकार बनने के बाद लगान को हुकुकनामा के नाम से जाना गया जिसमें सैकड़ा में 16 प्रतिशत मुंडा को दिया जाता था और मानकी को 10 प्रतिशत दिया जाता था। मासिक वेतन के तौर पर अब झारखण्ड सरकार बनने के बाद मानकी को 1500 रुपये, मुंडा को 1000 रुपये और डाकुआ को 500 रुपये दिया जाने लगा तो यह जो सारानाला है वर्तमान परिस्थिति के अनुसार बहुत ही कम है। यह भी अस्थायी रूप में चल रहा है जो कभी भी बन्द हो सकता है। इसमें भी यह मानदेय उन्हीं को मिल रहा है जिनका कोल्हान अधीक्षक के यहाँ नाम दर्ज है।

श्री पाड़ैया के अनुसार, ''भारत के आदिवासी को हमेशा गुमराह किया जाता रहा है, किन्तु कोल्हान आदिवासी को कोई गुमराह नहीं कर पाया है। कोल्हान क्षेत्र में परम्परा के आधार पर ही सर्वसम्मति से पंचायत लागू किया जा सकता है। चुनाव पद्धति के आधार पर पंचायत लागू नहीं किया जा सकता है।''

**☆ गार्दी मुंडा, पंचायत जोरापोखर, प्रखण्ड झिंकपानी, जिला प. सिंहभूम**

पहला पंचायत चुनाव 1973 में हुआ था और दूसरा 1978 में, उसी समय मुखिया के लिए चुनाव जीते थे पर 1978 के बाद पंचायत चुनाव नहीं हो पाया। 1996 तक मुखिया का काम किया और उसके बाद वित्तीय अधिकार छीन लिया गया। किन्तु अपने अधिकार का प्रयोग तो हम आज भी कर रहे हैं।

पंचायत चुनाव तो उस समय आरम्भ हुआ ही था तो पाँच साल समझने में ही लग गया। उस समय 7 लाख फण्ड मिला था। विकास तो हुआ, लेकिन उस रफ्तार से नहीं हुआ, जितनी जरूरत थी। मुंडा मानकी को हम लोग भी तरजीह देते हैं। क्योंकि आपसी झगड़ा का निपटारा वे ही करते थे। लेकिन विकास से उनका ताल्लुक कभी नहीं रहा है। उनका कहना है कि जब मुंडा झगड़ा का निपटारा नहीं कर पाते थे तो वे हम लोगों के पास आते थे और हम लोग मिलकर उसे निपटाने का प्रयास करते थे।

पंचायत चुनाव प्रजातन्त्र का एक हिस्सा है और मुंडा मानकी एक परम्परा है। अब सरकार पर निर्भर करता है कि सरकार उसको कितना महत्त्व देती है। 1978 का जो पंचायत चुनाव हुआ था उस समय भी लोग पंचायत को स्वीकार किए थे, किन्तु वे लोग ठीक से समझ नहीं पाए थे। उनका सोच था कि उनके अधिकार का हनन हो रहा है।

पंचायत चुनाव और पारम्परिक स्वशासन में जहाँ तक सामंजस्य स्थापित करने की बात है तो धीरे-धीरे मुंडा-मानकी भी समझ जाएँगे और उन्हें समझने की भी जरूरत है। उनका कहना है कि पहले दलीय आधार पर पंचायत चुनाव होता था। इस बार व्यक्तिगत आधार पर पंचायत चुनाव हो रहा है किन्तु यह आगे चलकर राजनीतिक रूप ले ही लेगा।

**☆ सुश्री लक्ष्मी मुंडा, ग्राम/पंचायत जोरापोखर, प्रखंड झिंकपानी, जिला प. सिंहभूम**
इनका कहना है कि इनके पहले गाँव के मुंडा इनके पिताजी थे, पिताजी के पहले दादाजी थे। ये 2001 से पिता की मृत्यु के बाद मुंडा बनी हैं। इनके पहले इनके वंश में कोई महिला मुंडा नहीं थी। ये पहली बार महिला मुंडा बनी हैं। इनका कहना है कि सिर्फ कुँआरी लड़की ही मुंडा बन सकती है किन्तु शादी के बाद वह मुंडा नहीं रह सकती है। क्योंकि उसे खानदानी जमीन मिलती है। इस कारण जोरापोखर गाँव की मुंडा सुश्री लक्ष्मी मुंडा शादी करना ही नहीं चाहती है। उनका कहना है कि उनके पिताजी दो भाई थे और लक्ष्मी के पिताजी का कोई लड़का नहीं था। उनके चाचा जी के दो लड़के थे इसमें एक लड़का बाहर नौकरी करने चला गया और एक बहुत छोटा है। जिसके कारण गाँव वाले सुश्री लक्ष्मी को गाँव का मुंडा बनाए।

सुश्री लक्ष्मी मुंडा के अनुसार मुंडा का काम गाँव स्तर पर किसी तरह के काम को देखना, विवाद को निपटाना और मालगुजारी वसूलना है। लक्ष्मी मुंडा मालगुजारी वसूल कर अंचल कार्यालय में जमा करती हैं। इसके बदले उन्हें कुछ भी नहीं मिलता है इसका कारण वह बताते हुए कहती हैं कि नये को नहीं मिलता है। जबकि इस गाँव के डाकुआ को 500 रुपये मिलता है। क्योंकि लक्ष्मी मुंडा का नाम कोल्हान अधीक्षक के यहाँ दर्ज नहीं है। किसी भी तरह का लाभ नहीं मिलने पर भी ये गाँव की देख-रेख करती हैं। विवाद होने पर निपटारा उसी टोला में जाकर करती हैं। फैसला सर्वसम्मति से होता है और अन्त में वे अपनी सहमति देती हैं। बैठक में फैसला नहीं होने पर दूसरी तय की गई तिथि को फैसला करने का प्रयास करते हैं। जो बैठक के फैसले को मानने से इनकार करता है उसे गाँव से निकाल दिया जाता है। यहाँ तक कि उसके मरने के बाद लाश को दफनाने भी नहीं जाते हैं। कुछ ऐसे भी हैं जो बैठक में फैसला नहीं होने पर थाना-पुलिस भी जाते हैं।

इन्होंने पंचायत चुनाव का नाम सुना है। किन्तु पंचायत चुनाव से फायदा नहीं

महसूस करती हैं। बल्कि पंचायत चुनाव होने से यह हानि महसूस करती हैं कि इससे गाँव वालों की जमीन छीन ली जाती है। इनके अनुसार पंचायत चुनाव में महिला और पुरुष दोनों उम्मीदवार बनने को तैयार हैं किन्तु कुछ लोग पंचायत में इसका विरोध कर रहे हैं तो कुछ समर्थन कर रहे हैं।

इनका मानना है कि सरकार की विकास योजना से भी लाभ नहीं होना है। अफसर लोग बंदरबाँट करते हैं। हमारे गाँव में स्पंज फैक्ट्री है किन्तु इसमें यहाँ के लोगों को रोजगार नहीं मिलता है बल्कि बाहरी लोग काम करते हैं।

**☆ जीतराम उराँव, सदर अनुमण्डलाधिकारी, चाईबासा**

यहाँ मानकी-मुंडा की व्यवस्था है। मुंडा गाँव का प्रधान होता है और मानकी इलाका का प्रधान होता है। इन लोगों को मालगुजारी वसूलने का जिम्मा दिया गया है। बिहार सरकार में था कि जितना लगान वे वसूलेंगे उसका 28 प्रतिशत उनका होगा। बाकी सरकार के खजाने में जमा करेंगे। मगर झारखण्ड अलग होने के बाद यह नियम बन्द कर दिया गया। सन् 2001 से प्रति माह सम्मान राशि के रूप में मुंडा को 1000 रुपये, मानकी को 1500 रुपये और डाकुआ को 500 रुपये देने का प्रावधान किया गया। गैरमजरुआ जमीन का बन्दोबस्ती मुंडा की अनुशंसा पर ही होता है। मुंडा-मानकी का पद वंशानुगत नहीं है। किन्तु गाँव में आमतौर पर लोग वंशानुगत ही मानते हैं और गाँव वाले यह मानते आए हैं कि मुंडा का परिवार ही मुंडा बनेगा। इसलिए आज भी यह प्रथा प्रचलन में है।

पंचायत चुनाव को लेकर मुंडा-मानकी का विरोध है, उनका मानना है कि पंचायत चुनाव होने से उनके अधिकारों का हनन होगा। हम लोग समझाने का प्रयास किए कि पहले भी पंचायत चुनाव हुआ था। पर इससे किसी के अधिकार का हनन तो नहीं हुआ। मुंडा का काम गाँव में शान्ति व्यवस्था बनाए रखना है और पंचायत मुखिया, प्रमुख और अध्यक्ष का काम गाँव का विकास करना है। यदि लोग समझदारी से काम लें तो पारम्परिक व्यवस्था भी रहेगी और सरकार की व्यवस्था के रूप में पंचायती व्यवस्था भी ठीक से काम करेगी।

**☆ गीता बालमुचू, सुपरवाइजर, श्रमजीवी उन्नयन शाखा कार्यस्थल : झिंकपानी प्रखण्ड, चाईबासा**

"जब तक पंचायत चुनाव नहीं होता है तब तक लोग पारम्परिक स्वशासन व्यवस्था को ही मान कर चल रहे हैं और पारम्परिक व्यवस्था में मुंडा-मानकी नियम है। यह नियम तो ठीक है किन्तु लोग अपने अधिकार को नहीं समझ पा रहे हैं। किस तरह विकास होगा इससे सम्बन्धित समझ नहीं होने से उनकी व्यवस्था ठीक से नहीं चल पा रही है। जो व्यवस्था लागू की गई है उससे परिचित नहीं होने के कारण भी लोग

दबे हैं। वंशानुगत परम्परा तो अनुचित है। गाँव का मुंडा सर्वसम्मति से कोई भी बनना चाहिए। किन्तु वह पढ़ा-लिखा और समझदार होना चाहिए। गाँव का मुंडा काम करे या नहीं किन्तु लोग अभी भी मुंडा को महत्त्व देते हैं। कोई भी काम हो लोग पहले मुंडा को ही जानकारी देते हैं।

"पंचायत चुनाव के प्रति गाँव वालों की सोच को हम लोग देख रहे हैं। ग्राम सभा की बैठक में भी जाती हूँ और वहाँ चर्चा भी होती है कि पंचायत चुनाव होना चाहिए या नहीं, किन्तु सभी लोगों का कहना है कि पंचायत चुनाव होना चाहिए। क्योंकि पंचायत चुनाव होने से विकास योजना सीधे गाँव तक पहुँचेगी जिससे काफी हद तक गाँव का विकास हो सकता है।"

"कोल्हान क्षेत्र में पंचायत का विरोध सिर्फ मुंडा-मानकी ही कर रहे हैं। गाँव वालों का कहीं विरोध नहीं है। उन सभी को जागरूक करने की आवश्यकता है। उन लोगों की जो सोच है कि पंचायत चुनाव होने से हम लोगों का हक छीना जाएगा। जबकि ऐसी बात नहीं है। यदि जागरूक करने का प्रयास किया जाए तो निश्चित रूप से वे समझ जाएँगे और पंचायत चुनाव का विरोध नहीं करेंगे।"

गीता बालमुचू 10 पंचायतों के 51 गाँवों में काम करती हैं। महिलाओं की सोच के प्रति ये कहती हैं कि आदिवासी वोट के महत्त्व को नहीं समझ पाते हैं। महिलाएँ जिनको घर में फुर्सत है, वे वोट देने के लिए जाती हैं। कामगार लोगों को भी जागरूक करने की आवश्यकता है कि घर का काम एक दिन छोड़कर के वोट देने जाएँ। आज स्थिति यह है कि यदि एक पंचायत में 100 लोग हैं तो 50 लोग ही वोट देने जाते हैं। यानि 50 प्रतिशत लोग ही वोट दे पाते हैं। पंचायत चुनाव में अधिकांशतः महिलाएँ उम्मीदवार बनने को तैयार हैं।

**☆ डी.एन. चांपिया, पूर्व विधानसभा उपाध्यक्ष, बिहार सरकार, चाईबासा**

पारम्परिक स्वशासन व्यवस्था में मुंडा-मानकी व्यवस्था के तहत मुंडा गाँव का प्रधान होता है और कई गाँवों को मिलाकर एक इलाका मानकी होता है। पारम्परिक व्यवस्था का मुख्य कार्य गाँव में शान्ति और सुव्यवस्थित वातावरण बनाए रखना है। ब्रिटिश काल में आदिवासी को कोल्ह कहा जाता था, उसी से कोल्हान बना। विल्किनसन रूल पूरे भारत में लागू करने के लिए बना था। किन्तु यह सिर्फ यहीं कोल्हान में ही लागू हुआ, बाकी कहीं नहीं हुआ।

इनका मानना है कि जहाँ चुनाव होगा वहाँ शान्ति नहीं रहेगी, इसीलिए मुंडा-मानकी में चुनाव की प्रक्रिया नहीं है बल्कि चयन अर्थात् सर्व-सम्मति की प्रक्रिया है। जहाँ तक पेसा का सवाल है उसमें स्वशासन को मान्यता दी गई है, किन्तु स्वशासन की रूपरेखा नहीं दी गई है। पेसा में कहा गया है कि चुनाव परम्परा के आधार पर होगा। पंचायत की तरह पारम्परिक स्वशासन व्यवस्था में त्रिस्तरीय

व्यवस्था है। मुंडा, मानकी और तीन मानकी।

सरकार के पास शक्ति है तो वह पंचायत चुनाव तो करा ही सकती है। किन्तु मुंडा-मानकी इसको स्वीकार करने को तैयार नहीं हैं। जहाँ तक विकास की बात है जब पंचायत नहीं था तो कोल्हान अधीक्षक घूम-घूमकर विकास के लिए प्रयास करता था। इनके अनुसार पंचायत चुनाव और पारम्परिक स्वशासन में सामंजस्य वार्ता के बाद ही सम्भव है।

**☆ अजीप गोप, सामाजिक कार्यकर्ता, कोल्हान क्षेत्र, चाईबासा**

जब ब्रिटिश का शासन था और ब्रिटिश लोगों ने पूरे भारत पर हुकूमत की, किन्तु इस कोल्हान क्षेत्र में हुकूमत करने में दिक्कत आई। बाहरी लोगों को हम लोग दिकू बोलते हैं, क्योंकि हमारी संस्कृति अलग है और दिकू लोगों की अलग। हम लोग बहुत तरह के आदिवासी हैं। इसमें सरकार की तरफ से भी भेदभाव हुआ है। कुछ लोगों को आदिवासी होते हुए भी आदिवासी नहीं माना गया है। गोप समुदाय आदिवासी समुदाय का हिस्सा है। किन्तु आदिवासी की लिस्ट में शामिल नहीं किया गया है। गोप समुदाय को बिहार सरकार ने भेदभाव करके पिछड़ी जाति में रख दिया। लेकिन हम लोगों की जो सामाजिक व्यवस्था है, इसमें कोई भेदभाव नहीं है।

आदिवासियों का जो पर्व-त्योहार है उसमें माघे पर्व सबसे बड़ा होता है। उसके पहले हम लोग गौ माता की पूजा करते हैं। वह गोप जाति का ही त्योहार है। उसमें गौ को स्नान कराकर गोप जाति से ही पूजा कराई जाती है और तब माघे पर्व शुरू होता है। समाज में बहुत बड़ा स्थान है गोप समुदाय का। इसका व्यावहारिक रूप देखेंगे तो गाँव में पंचायत होता है उसको हम लोग बोलते हैं मोयहोय। इसमें गाँव के पाँच सम्मानित व्यक्ति फैसला करते हैं। इसमें सभी वर्ग के लोग होते हैं और उसमें मुंडा मौजूद रहता है। इसमें फैसला एक बार में भी हो जाता है। कभी-कभी 2-3 बार में भी होता है। यदि मामला फिर भी ज्यादा पेचीदा हुआ तो मुंडा मानकी को भी बुलाता है।

शिक्षित होने की वजह से नई पीढ़ी के लोग कम पढ़े-लिखे मुंडा-मानकी को और गाँव की पंचायत को महत्त्व नहीं देने लगे हैं। पंचायत चुनाव को जिसने जिस तरह लोगों को बताया उसी तरह लोग उसे समझ रहे हैं। हो समुदाय में कई तरह के लोग हैं। कुछ तो पेसा के तहत पंचायत चुनाव चाहते हैं और कुछ सिर्फ पंचायत चुनाव की बात करते हैं। मुंडा-मानकी के अध्यक्ष श्री अंतु हेम्ब्रेम की आशंका है कि यदि पंचायत चुनाव होता है तो मुंडा-मानकी व्यवस्था को खत्म करने का प्रयास होगा। इसलिए मुखिया होना ही नहीं चाहिए। पहले भी मुंडा-मानकी व्यवस्था थी और पंचायत व्यवस्था भी थी लेकिन कहीं भेदभाव देखने को नहीं मिला। अब मुंडा-मानकी को समझना चाहिए कि उसका काम गाँव में शान्ति और सौहार्दपूर्ण

वातावरण बनाए रखना है और पंचायत मुखिया का काम गाँव में विकास का काम देखना है। मुंडा-मानकी को उदाहरण देकर बताया जा सकता है कि ब्लॉक में बीडीओ भी और सीओ भी है और दोनों का काम बँटा हुआ है। जनता जितना बीडीओ को मानती है उतना ही सीओ को मानती है। दोनों के अधिकार बराबर हैं इसलिए दोनों आपस में मिलकर ही काम करते हैं। इसी तरह से मुंडा भी होगा और पंचायत मुखिया भी होगा। इससे कोई फर्क नहीं पड़ेगा। चुनाव चाहे पेसा के आधार पर हो या पंचायत के आधार पर परन्तु यह बात भी सच है कि गाँव वाले चुनाव नहीं चाहते हैं। सर्वसम्मति चाहते हैं। इसके लिए जो स्वयंसेवी संस्थान और बुद्धिजीवी वर्ग के लोग हैं उनको आगे आने की जरूरत है तभी इस समस्या का समाधान सम्भव है।

**☆ कृष्णचन्द्र बांडरा अध्यक्ष आदिवासी 'हो' महासभा चाईबासा**

'हो' समुदाय की पारम्परिक स्वशासन व्यवस्था तो दो स्तरों पर देखने को मिलती है मुंडा और मानकी। लेकिन आज का मुंडा अपने उत्तरदायित्व को निभाने में पूरी तरह असमर्थ है। छोटे-छोटे विवाद का भले ही गाँव स्तर पर समाधान हो जाए लेकिन हत्या, डकैती, बलात्कार, जमीन सम्बन्धी और कभी-कभी छोटे-छोटे विवादों का भी गाँव स्तर पर समाधान नहीं हो पाता और मामला थाना-पुलिस में चला जाता है।

वंशानुगत परम्परा की वजह से योग्य और शिक्षित व्यक्ति को गाँव का प्रतिनिधित्व करने का अवसर नहीं मिलता। इस बात को भले ही मुंडा-मानकी स्वीकार करने को तैयार नहीं हो, किन्तु गाँव के हित में यह वंशानुगत परम्परा बिलकुल ही अनुचित है।

अधिकांशतः गाँव में अयोग्य मुंडा होने की वजह से गाँव की स्थिति बदतर होती जा रही है। विकास के लिए किसी भी तरह का प्रयास नहीं किया जाता है। मानकी की स्थिति सभी क्षेत्रों में करीब एकसमान है। उसका कहीं भी रोल नहीं है। मैं जिस गाँव में रहता हूँ यह सांगाजाटा गाँव है यह खुटपानी प्रखण्ड में पड़ता है। यहाँ का मुंडा कुंडीया बांडरा जो हमारे चचेरे भाई हैं, जो अशिक्षित व्यक्ति हैं। मुंडा का उत्तरदायित्व क्या है, उनको यह पता ही नहीं है? उनके बड़े बाबा स्व. दुलुराम बांडरा जो मानकी थे, वर्तमान में मानकी अर्जुन सिंह बांडरा है, किन्तु मानकी की किसी तरह की भूमिका नहीं है तो फिर सोचा जा सकता है कि पारम्परिक स्वशासन की स्थिति क्या होगी।

मुंडा-मानकी व्यवस्था चूँकि वंशानुगत है और उनका सोचना है कि यदि उनकी व्यवस्था को लागू किया जाता है तो उनके वंश के लोग ही लाभान्वित होंगे। इसलिए मुंडा-मानकी कभी भी इस व्यवस्था को छोड़ने को तैयार नहीं होंगे। उन्हें गाँव के भले या बुरे से कोई मतलब नहीं है। दूसरी ओर इस व्यवस्था से उन्हें सम्मान भी हासिल है, इसके कारण भी वे मुंडा-मानकी पद को छोड़ने के लिए तैयार नहीं

होते हैं। अन्य आदिवासी समुदाय में तो प्रधान के पास मानजमीन है जिसके कारण वे प्रधानी का पद छोड़ना नहीं चाहते हैं, लेकिन हो समुदाय में मुंडा के पास तो प्रधानी जमीन भी नहीं है, लेकिन झारखण्ड सरकार 2001 से मुंडा-मानकी को मानदेय जो देने लगी है इससे भी वे मुंडा-मानकी का पद छोड़ने को तैयार नहीं हैं।

इस व्यवस्था के तहत बैठक प्रायः उस समय रखी जाती है जब महिलाएँ घरेलू काम-धन्धे में व्यस्त होती हैं। इस पर पुरुष वर्ग कहेंगे कि महिलाएँ आना ही नहीं चाहती हैं। जहाँ तक सामाजिक रीति-रिवाज की बात है तो यह इस व्यवस्था से जुड़े पुरुषों के द्वारा ही किया जाता है। आजकल गाँव में जबसे ग्रामसभा की बैठक होने की बात की गई है तबसे महिलाएँ बैठक में आने लगी हैं, लेकिन ग्रामसभा की बैठक ही नहीं होती है। मेरी राय में महिलाओं को सभी बैठकों में आना बहुत ही जरूरी है। जब तक महिलाएँ बैठक में नहीं आएँगी तब तक ना तो सही निर्णय की उम्मीद की जा सकती है और ना विकास की बातें।

विकास के क्षेत्र में पारम्परिक स्वशासन यानि मुंडा-मानकी की कोई भूमिका नहीं है। यह व्यवस्था सिर्फ आपसी विवादों के निपटारे तक ही सीमित है, वह भी गाँव स्तर पर विवादों का निपटारा नहीं होने पर लोग थाना-पुलिस ही जाते हैं। इतना जरूर है कि इस व्यवस्था की वजह से थाना-पुलिस का कम सहारा लेना पड़ता है। इसलिए विकास के दृष्टिकोण से पंचायत का होना जरूरी है।

मुंडा-मानकी पंचायत चुनाव नहीं चाहते हैं। किन्तु पंचायत चुनाव अनिवार्य है। पंचायत चुनाव से ही गाँव का विकास सम्भव है। यदि विकास की कामना करते हैं तो निजी स्वार्थ से हटकर सोचना होगा। इतना जरूर है कि गाँव के छोटे-छोटे विवादों के निपटारे के लिए गाँव स्तर पर गाँव की पुरानी व्यवस्था रहे, किन्तु विकास के लिए पंचायत चुनाव का होना अनिवार्य है और चुनाव तो जरूरी है ही। चुनाव से योग्य प्रतिनिधि की अपेक्षा की जाती है।

**☆श्री अंतु हेम्ब्रम, अध्यक्ष–मुंडा-मानकी संघ, चाईबासा**
**☆श्री गौरी शंकर बिरुआ, अवकाश प्राप्त ए.डी.एम.**
**सलाहकार–मुंडा-मानकी संघ, चाईबासा**

अन्तु हेम्ब्रम–झारखण्ड में 'हो' समुदाय को छोड़कर सभी आदिवासी समुदाय में सिर्फ एक स्तर यानि गाँव स्तर पर ही पारम्परिक स्वशासन व्यवस्था देखने को मिलती है। किन्तु हो समुदाय में दो स्तरों पर यानि गाँव और इलाका स्तर पर अर्थात् मुंडा और मानकी वर्तमान में भी है। यह जरूर है कि समय के बदलाव के साथ मानकी का कार्य और महत्त्व वर्तमान में कम देखने को मिलता है, किन्तु मुंडा का कार्य और महत्त्व गाँव स्तर पर ज्यादा है। मुंडा गाँव का मालगुजारी वसूल कर अंचल कार्यालय में जमा करता है। इसके लिए पहले बिहार सरकार में मुंडा को 6 प्रतिशत कमीशन

मिलता था और मानकी को 10 प्रतिशत और डाकुआ को 2 प्रतिशत कमीशन मिलता था। लेकिन झारखण्ड अलग होने के बाद 2001 से झारखण्ड सरकार मुंडा को मानदेय के रूप में 1000 और मानकी को 1500 और डाकुआ को 500 देने लगी है। वैसे अभी मात्र 4600 रुपया ही मिल पाया है। चूँकि मुंडा का काम मालगुजारी वसूलना है इसलिए पहले कमीशन 16 प्रतिशत मिलता था और मानकी को 10 प्रतिशत। लेकिन झारखण्ड सरकार द्वारा मुंडा को कम और मानकी को ज्यादा मानदेय देने का प्रावधान किया है, जो सही नहीं है।

गौरी शंकर—मानकी का कार्य वैसे विवाद का निपटारा करना है जिस विवाद का निपटारा मुंडा नहीं कर पाते हैं, किन्तु अधिकांश विवाद का निपटारा मुंडा द्वारा हो जाता है। इसलिए मानकी की आवश्यकता कम पड़ती है। दूसरी बात मानकी का काम इलाके का विकास भी है। लेकिन जब कहीं से मानकी को विकास के लिए आर्थिक मदद ही नहीं तो मानकी विकास की बात कहाँ से सोच सकता है।

अन्तु हेम्ब्रम—पहले मानकी अपने कामों पर ध्यान नहीं दिए जिसके कारण ऐसा देखने को मिलता है। यह बात सच है कि पहले मुंडा गाँव का मालगुजारी वसूल कर मानकी को देता था और मानकी ट्रेजरी में जमा करता था और अब मालगुजारी को उसी तरह जमा करने का प्रयास किया जा रहा है।

वंशानुगत परम्परा तो हुकुमनामा में ही दिया हुआ है। फिर इसे कैसे बदल सकते हैं। चुनाव की बात है तो चुनाव होता है लेकिन सर्वसम्मति से होता है। यदि मुंडा की मृत्यु हो जाती है या मुंडा प्रतिनिधित्व करने में असमर्थ है तो मुंडा के वंश में ही जो योग्य होता है उसे सर्वसम्मति से चुना जाता है।

गौरीशंकर—वंशानुगत परम्परा नहीं होने से गाँव से बाहर का व्यक्ति भी गाँव में बसकर मुंडा बन सकता है और बाहरी दबाव, संस्कृति गाँव को प्रभावित कर सकती है। इसलिए वंशानुगत परम्परा जरूरी है। यदि उसके वंश में योग्य व्यक्ति नहीं है तो उसके वंश के चचेरे लोग भी मुंडा-मानकी बन सकते हैं।

विवाद की स्थिति में महिलाओं की भूमिका नहीं है। यह सही है किन्तु महिलाओं की अपने कामकाज की वजह से और बड़ों के बीच बैठने से हिचकिचाहट की वजह से भागीदारी कम होती है किन्तु इस तरह की स्थिति में बदलाव जरूरी है और महिलाओं की भूमिका अनिवार्य है।

शादी के बाद लड़कियाँ दूसरे घर चली जाती हैं और वहाँ भी उसे सम्पत्ति मिलती है। इसलिए दो जगहों पर अधिकार किसी लड़की को नहीं दिया जा सकता है। वैसी लड़की जिसकी शादी नहीं हुई है, उसे आजीविका चलाने हेतु कुछ जमीन दी जाती है। किन्तु पैतृक सम्पत्ति पर बराबर का अधिकार नहीं दिया जा सकता है। अन्य समुदाय में शादी पर दूसरे समुदाय के हावी होने के डर से भी लड़कियों को पैतृक सम्पत्ति पर अधिकार नहीं दिया जाता है।

पंचायत चुनाव से पारम्परिक स्वशासन खत्म हो जाएगा और पारम्परिक स्वशासन खत्म होने से समुदाय की संस्कृति खतरे में पड़ सकती है। पंचायत चुनाव विकास को ध्यान में रखकर किया जाता है। यदि मुंडा-मानकी को ही पूरी तरह व्यवस्थित कर आर्थिक सहायता उपलब्ध कराई जाए तो भी विकास हो सकता है।

अन्तु हेम्ब्रम—यदि एक व्यवस्था पहले से चली आ रही है तो दूसरी व्यवस्था सरकार क्यों लादना चाहती है? पंचायत चुनाव को मुंडा-मानकी स्वीकार नहीं करेंगे।

पेसा में पारम्परिक स्वशासन को पूरी तरह मान्यता नहीं दी गई है। सिर्फ ग्रामसभा में मुंडा को अध्यक्षता करने का अधिकार दिया गया है और पेसा में भी चुनाव की बात की जाती है तो फिर पंचायत और पेसा में अन्तर ही क्या है?

गौरी शंकर—पेसा में ग्रामसभा के तहत मुंडा की अध्यक्षता करने का प्रावधान तो है किन्तु मानकी का स्थान कहाँ है? यदि पेसा में आदिवासी स्वशासन को शामिल करने की बात है तो आदिवासी समुदाय की पूरी व्यवस्था को शामिल किया जाए तभी पेसा को स्वीकार किया जा सकता है।

## ❑ उराँव समुदाय (लोहरदगा)

**☆ विनोद भगत संयोजक, जिला राजीपड़हा समिति, लोहरदगा**

उराँव समुदाय के बीच पड़हा व्यवस्था आदि काल से ही रही है और इसके मुख्य पदाधिकारी पड़हा राजा, दीवान, कोटवार, करटाहा के साथ-साथ अन्य कार्य को करने के लिए चटाई बिछवा भी होते हैं। जहाँ तक पद की बात है जैसे पड़हा राजा, तो पड़हा राजा कोई विशेष व्यक्ति नहीं होता बल्कि पूरे गाँव के रूप में जाना जाता है। जैसे 12 पड़हा सेन्हा तो सेन्हा पूरे गाँव का हो गया। ऐसे गाँव का संचालन करनेवाला पदेन पदाधिकारी महतो होता है। प्रशासनिक पद्धति के रूप में महतो और धार्मिक पद्धति के रूप में पहान होता है।

बाद के दौर में जबसे पंचायत चुनाव इस इलाके में थोपा गया, जो कि संविधान के विरुद्ध था, क्योंकि पाँचवीं और छठी अनुसूची से पंचायत उपबन्ध लागू नहीं होगा। अगर हम 1996 के पूर्व देखते हैं और आजादी के बाद जो यहाँ पंचायत चुनाव कराया गया तो यह किसी भी दृष्टि से अनुसूचित क्षेत्र के लिए उचित नहीं था और इस पंचायत चुनाव ने यहाँ की पड़हा व्यवस्था को बिलकुल ही नष्ट कर दिया है। आज पंचायत उपबन्ध का विस्तार करने के बाद पंचायत विस्तार अधिनियम बना। इसमें स्पष्ट रूप से पंचायत चुनाव की तमाम राजनीतिक पार्टियाँ पंचायत चुनाव की सिफारिश कर रही हैं। परम्परा के अनुसार यदि पेसा को देखा जाए तो उसमें पंचायत चुनाव कहीं नहीं कहा गया है। आज हम जब पंचायत चुनाव के विरोध की बात करते हैं तो लोग सवाल खड़ा करते हैं कि हम पंचायत चुनाव नहीं चाहते तो लोकसभा और विधानसभा भी नहीं चाहेंगे। इसमें मेरा कहना है कि

विधानसभा राज्य के लिए और लोकसभा देश के लिए कानून बनाता है। वह विधान विधायिका है। लेकिन पंचायत की ऐसी कोई भूमिका नहीं है। जब पंचायत में ऐसी कोई भूमिका नहीं है तब स्वशासन को छोड़कर पंचायत चुनाव को क्यों हम पर थोपना चाहते हैं। अगर पंचायत में भी कोई विधायिका तैयार की जाती तो कोई बात थी, मगर पारम्परिक स्वशासन में स्वयं विधायिका तैयार की जाती है। पंचायत में विधान तैयार नहीं किया जाता जबकि स्वशासन में विधान तैयार किया जाता है। इसलिए हम पंचायत की बात न करके स्वशासन की बात करते हैं।

आधुनिकता के युग में उसमें संशोधन की आवश्यकता है। पहले के पारम्परिक स्वशासन में महिलाओं का स्थान नहीं था। लेकिन आज के समय में महिलाओं की आवश्यकता सभी जगह है। दूसरी ओर इस परम्परा में वंशानुगत की परम्परा को हटाना अनिवार्य है। पहले ऐसा होना चाहिए कि जो महतो है यदि उसके वंश में कोई योग्य व्यक्ति है तो उसके वंश से ही महतो को चुना जाए। परन्तु यदि उसके वंश में योग्य व्यक्ति नहीं है तो फिर आदिवासी समुदाय से ही गाँव का कोई भी योग्य व्यक्ति महतो चुना जाना चाहिए।

पेसा आदिवासी समुदाय के लिए हितकर तो नहीं है। लेकिन यदि पेसा के तहत पंचायत चुनाव हुआ तो बहुत हद तक आदिवासी समुदाय की पहचान बन सकती है। पेसा का जन्म भी जानबूझकर किया गया है। आजादी से लेकर 1992 तक इसको संशोधन करने की दिशा में क्यों नहीं सोचा गया? जब इस इलाके में पारम्परिक पंचायत थी ही तो इस कानून को क्यों थोपा गया? स्वशासन के तहत अधिकार क्यों नहीं दिया गया? इसलिए पेसा को तो अच्छा नहीं कह सकते। पेसा एक मायाजाल है जो आदिवासियों को लॉलीपॉप दिखाकर उनको समूल नष्ट करना चाहती है।

**☆ प्रो. सुरा उराँव, व्याख्याता–कुड़ूख विभाग, बी.एस. कॉलेज, लोहरदगा**

वर्तमान समय में पारम्परिक स्वशासन ऊपर स्तर पर तो नहीं है, गाँव स्तर पर ही सारा कुछ निहित है। विभिन्न गाँवों को मिलाकर पड़हा बनता है। जैसे–तीन पड़हा, पाँच पड़हा, सात पड़हा। प्रत्येक पड़हा के मालिक को बेल कहा जाता है और सचिव को दीवान कहते हैं। यही दोनों पूरे गाँव की व्यवस्था को सँभालते हैं। अब तो यह व्यवस्था नहीं रह गई है। यह व्यवस्था पहले थी। पारम्परिक व्यवस्था में पड़हा की अहम भूमिका है और अब जो कुछ जीवित है उसे बचाने में लगे हुए हैं।

विवाद होने पर फैसला पहले गाँव में होता था यदि गाँव में फैसला नहीं हुआ तो पड़हा में होता था। बीच में पड़हा व्यवस्था तो बन्द ही हो गई थी। 1998 से कुछ लोग मिलकर पड़हा को पुनर्जीवित किए हैं। 1967-68 में कार्तिक उराँव पड़हा को जीवित किए थे। परन्तु फिर समाप्त की स्थिति में आ गया था और 1998 के बाद 3-4 साल तक 90 प्रतिशत फैसला गाँव में ही होता था। उसके बाद धीरे-धीरे

शिथिलता आ गई। किसी भी समुदाय में देखा जाता है कि कोई भी संगठन बना तो बहुत लोग एकजुट तो होते हैं और विश्वास भी होता है परन्तु जब धीरे-धीरे नियम-कानून, शिकंजा कसने लगता है तब धीरे-धीरे लोग छिटकने लगते हैं। वही हाल आज पड़हा व्यवस्था का है।

महिलाओं को सिर्फ सरना स्थल पर जाने पर ही रोक थी। बाकी सभी जगह महिलाएँ जा सकती हैं। लेकिन लोग महिलाओं को महत्त्व नहीं देते हैं जिसके कारण महिलाओं की भागीदारी नहीं के बराबर होती है। किन्तु वर्तमान समय में सभी की भागीदारी अनिवार्य है।

## ❑ पहाड़िया समुदाय (दुमका/पाकुड़ क्षेत्र)

**☆गयालाल देहरी, अध्यक्ष–पहाड़िया मुक्ति सेना, ग्राम–अमीरजोला, पो. आमरापाड़ा (पाकुड़)**

पहाड़िया समुदाय संताल परगना के मूल निवासी रहे हैं। अंग्रेजों के विरुद्ध हमारे पूर्वजों ने काफी संघर्ष किया और इस संघर्ष का परिणाम रहा कि उन्होंने अंग्रेजों को अपने ऊपर हावी नहीं होने दिया। इसके बाद अंग्रेजों को बाध्य होकर हम लोगों की पारम्परिक स्वशासन व्यवस्था को मानना पड़ा और 1782 ई. में पहाड़िया परिषद् के नाम से एक व्यवस्था बनाई गई। जिसमें स्वशासन व्यवस्था के मांझी को 2 रुपये प्रतिमाह, नायब को 5 रुपये प्रतिमाह और सरदार को 10 रुपये प्रतिमाह मानदेय देना शुरू किया गया और एक विकसित समाज से उन्हें जोड़ने का प्रयास किया गया। इससे पहाड़िया समुदाय सन्तुष्ट नहीं हुए, क्योंकि वे अपने को बिलकुल ही स्वतन्त्र चाहते थे। किसी की दखलअन्दाजी वे अपनी स्वशासन व्यवस्था में नहीं चाहते थे। तब 1823 ई. में पहाड़िया क्षेत्र को 1338 वर्ग मील घेरकर 'दामिन-इको' कहकर चिह्नित किया गया। यह व्यवस्था 1835 ई. तक चली। इसके बाद भी पहाड़िया लोग सन्तुष्ट नहीं हुए और विद्रोह होता रहा और अंग्रेजों को हर तरफ से हार का सामना करना पड़ा। पहाड़िया क्षेत्र में अंग्रेजों की जो मंशा थी, कि पहाड़िया क्षेत्र में राजस्व वसूली करके अपने देश भेज सकें तो उसमें सफल नहीं हो सके तब उन्होंने संतालों को 1790-1810 के बीच छिटपुट इस क्षेत्र में भेजना शुरू किया। उन्हें 1837 में दामिन पहाड़िया क्षेत्र में प्रवेश कराया और 1855-56 में संताल विद्रोह हुआ। उन्होंने इस पहाड़िया क्षेत्र को ही विस्तृत कर 13 वर्ग मील और प्रखण्ड क्षेत्र से उसे 42 प्रखण्ड बनाकर संताल परगना नाम दे दिया। तब जाकर संतालों का संघर्ष रुका। पहाड़िया क्षेत्र में ही जब संतालों का बन्दोबस्ती दिया गया, तब पहाड़िया लोग अंग्रेजों से कटकर जंगल पहाड़ में बसने लगे। उसके बाद पूर्णतः अन्य समाज से वे लोग बिलकुल कटकर रह गए और भारत के आजाद होने के बाद भी जब नये-नये कानून बने उसमें भी पहाड़िया लोग उपेक्षित रह गए। जिसके कारण उनके

साथ किसी तरह का सामंजस्य स्थापित नहीं हो सका।

राजस्व वसूली का काम ग्राम प्रधान के जिम्मे है। इसके बदले उसको पहले कमीशन मिलता था, लेकिन वह भी अब नहीं मिलता है। उसे बन्दोबस्ती करने का भी अधिकार दिया गया है, लेकिन पहाड़िया समुदाय में जागरूक वर्ग नहीं रहने के कारण यहाँ के अधिकारी वर्ग जैसा चाहते हैं, बन्दोबस्ती कराते हैं और जैसा चाहते हैं अपने हिसाब से पहाड़िया समुदाय के अधिकार का हनन करते हैं।

पहाड़िया समुदाय का महत्त्व और कार्य नहीं के बराबर रह गया है। उसका काम सिर्फ रैयतों से खजाना वसूली करके अंचल कार्यालय में जमा करना है। उन्हें मालगुजारी वसूलने के बदले में भी कुछ नहीं मिलता है, लेकिन मानजमीन के कारण मालगुजारी वसूलना पड़ता है। पारम्परिक स्वशासन व्यवस्था की बैठक नियमित नहीं हो पाती है।

वंशानुगत परम्परा तो नहीं ही रहनी चाहिए। क्योंकि किसी के वंश में गाँव को चलाने के लिए योग्य व्यक्ति हो यह जरूरी नहीं है। मेरा व्यक्तिगत विचार है कि जो सक्षम व्यक्ति हो, जो गाँव को चलाने के लायक व्यक्ति हो। वैसे लोगों को गाँव का प्रधान बनाना चाहिए।

कोई भी चुनाव हो वह जातिवाद या समुदाय के आधार पर होता है। जिस समुदाय के लोग ज्यादा होते हैं वे ही चुने जाते हैं। संताल परगना में आरक्षण आदिवासी के नाम पर है और आदिवासी में पहाड़िया और संताल दोनों आते हैं। पहाड़िया की संख्या 1991 की जनसंख्या के अनुसार एक लाख चौबीस हजार है और संतालों की जनसंख्या चौदह लाख छियासठ हजार है, तो निश्चित रूप से एक पहाड़िया पर चौदह संताल आते हैं, तो आज कोई भी प्रतिनिधि संताल लोग ही बन पाते हैं। पहाड़िया लोग नहीं बन पाते। आज तक पहाड़िया समुदाय से कोई सांसद या विधायक नहीं बन पाया है तो पंचायत प्रतिनिधि कैसे बन पाएगा। पहाड़िया समुदाय का विकास तभी सम्भव है जब लोकसभा और विधानसभा में एंग्लो-इंडियन की भाँति प्रतिनिधि मनोनीत किए जाएँगे। पहाड़िया समुदाय की प्रत्येक विकास के क्षेत्र में भागीदारी होनी चाहिए तभी पहाड़िया समुदाय का विकास हो सकता है।

### ❑ संताल समुदाय (जामताड़ा क्षेत्र)

**☆ सुरोजित चन्दन, प्रोग्राम इनीमेटर, प्रिया, डी.आर.सी. जामताड़ा**

पारम्परिक स्वशासन व्यवस्था सिर्फ आपसी विवादों के निपटारे तक ही सीमित है और यह व्यवस्था सिर्फ पुरुष प्रधान बनकर रह गई है। कहीं-कहीं महिला मांझी भी है, लेकिन महिला मांझी के होते हुए भी बैठक में महिलाओं की भागीदारी नगण्य होती है। लोगों का मानना है कि महिला को मांझी बनाना मजबूरी है। यदि पुरुष मांझी की मृत्यु के बाद उसका लड़का नहीं है या लड़का मांझी बनना नहीं चाहता है तो उसकी

पत्नी मांझी बन सकती है। लेकिन किसी भी विवाद का निर्णय मांझी नहीं करता बल्कि सभी मिलकर करते हैं और निर्णय में महिलाओं से राय नहीं ली जाती है। प्रायः होता है कि महिलाएँ घरेलू कामकाज में ही व्यस्त रहती हैं। गाँव में क्या हो रहा है उनको यह पता ही नहीं चलता, जिससे उनकी भागीदारी नहीं हो पाती है।

विकास के क्षेत्र में मांझी या अन्य सदस्यों की कोई भूमिका नहीं होती है। जब भी कोई विकास योजनाएँ प्रखण्ड में आती हैं तो कुछ बिचौलिये गाँव में आकर मांझी से कहते हैं कि ग्रामसभा करानी है तो मांझी कुछ लोगों को बुलाकर सहमति करा लेता है, लेकिन सभी लोगों की आम सहमति नहीं हो पाती है। जिससे गाँव वाले सरकार की विकास योजनाओं से लाभान्वित नहीं हो पाते हैं।

पहले विवाद का निपटारा गाँव स्तर पर मांझी के द्वारा नहीं होने से लोग देश मांझी या फिर परगनैत के पास जाते थे। लेकिन वर्तमान समय में मांझी से विवाद का निपटारा नहीं होने पर लोग थाना-पुलिस जाते हैं और थाना-पुलिस के कारण देश मांझी और परगनैत की भूमिका समाप्त-सी हो गई है।

जिस समय वंशानुगत परम्परा का नियम बना था, उस समय के लिए तो ठीक था, लेकिन आज के परिवेश में इस परम्परा की वजह से समाज प्रभावित हो रहा है। आज गाँव-समाज के लोग भी यह महसूस करने लगे हैं कि प्रधान ऐसे व्यक्ति को चुने जो हमारे हित में सोच सके और इसके लिए गाँव के किसी भी व्यक्ति को प्रधान चुनना चाहिए। इस आधार पर मुझे तो वंशानुगत परम्परा उचित नहीं लगती है।

पंचायत और पारम्परिक स्वशासन के बीच सामंजस्य स्थापित करने के लिए लोगों की सोच में बदलाव लाने की आवश्यकता है। विकास के लिए पंचायती राज व्यवस्था तो अनिवार्य है ही, लेकिन पंचायती राज व्यवस्था के उद्देश्यों को सफल बनाने में पारम्परिक स्वशासन की महत्त्वपूर्ण भूमिका हो सकती है। इसलिए दोनों को मिलाकर चलना ही उचित है।

**☆ श्रीमती सलोनी हेम्ब्रम, सचिव–ग्राम सेवा ग्राम–गोकुलपुर, पो.–रानीटाड़, जामताड़ा**

अन्य आदिवासी समुदायों की पारम्परिक स्वशासन व्यवस्था तो लगभग लुप्त हो चुकी है। लेकिन संतालों की पारम्परिक स्वशासन व्यवस्था अभी भी बरकरार है। उसको पुनर्गठन करने की जरूरत है। पारम्परिक स्वशासन व्यवस्था लुप्त होने का कारण राजनीतिक प्रभाव है। पारम्परिक स्वशासन व्यवस्था में ऐसे तो अभी भी मांझी, जोग मांझी, प्राणिक, नायकी, परगनैत सहित करीब नौ लोग हैं जो गाँव को चलाते हैं। वर्ष में एक बार माघ महीने में बैठक होती है और सभी के कार्यों का हिसाब होता है।

जामताड़ा के कुछ गाँवों में दो प्रधान हैं, तो कुछ गाँवों में एक प्रधान है। दो प्रधान में एक रेवेन्यू प्रधान है जो मालगुजारी वसूल करके अंचल कार्यालय में जमा करता है।

इसको सरकारी मानजमीन भी मिला है। गाँव को चलाने के लिए एक और प्रधान होता है। इस प्रधान को गाँव वाले मिलकर चुनते हैं। इस प्रधान को सरकारी मानजमीन नहीं मिलता है। ऐसा इसलिए हुआ कि पट्टाधारी प्रधान गाँव के विवादों को हल नहीं कर पाता था और अशिक्षित होने के कारण गाँव के लिए किसी तरह का प्रयास नहीं कर पाता था। गाँव को चलानेवाले प्रधान को किसी तरह का लाभ नहीं है। वे सिर्फ गाँव में सम्मान मिलने के कारण गाँव का प्रधान बनना चाहते हैं।

वंशानुगत परम्परा सही नहीं है इसके कारण गाँव को योग्य प्रधान नहीं मिल पाता था। इसी के चलते गाँव को चलाने के लिए दूसरे प्रधान का चयन किया गया। वंशानुगत परम्परा को समाप्त कर देना चाहिए और मानजमीन उसी की होना चाहिए जो गाँव को चला रहा है।

रेवेन्यू प्रधान ही गाँव को चलाते थे, लेकिन बहुत-सी गड़बड़ियाँ होने के कारण जैसे विवादों के निपटारे में पक्षपात, गलत निर्णय, सर्वसम्मति से किए गए निर्णय को नहीं मानना, इसके बाद गाँव वाले गाँव को चलाने के लिए अलग प्रधान का चयन करना शुरू कर दिए।

आपसी विवादों का निपटारा पहले पारम्परिक प्रधान के नेतृत्व में होता था, किन्तु अब विवाद का निपटारा और बैठक नये प्रधान के नेतृत्व में होता है। गाँव स्तर पर निपटारा नहीं होने पर पाँच गाँव के प्रधान की बैठक कर निपटारा करने का प्रयास करते हैं, लेकिन यदि यहाँ भी विवाद का निपटारा नहीं हुआ तो लोग थाना-पुलिस जाते हैं।

आपसी विवाद या अन्य बातों की बैठक में महिलाओं को नहीं बुलाया जाता है। वो सिर्फ पूजा-पाठ और शादी-ब्याह में ही शामिल होती हैं। इसमें गाँव समाज के पुरुष दोषी हैं। मेरी राय में महिलाओं को किसी भी तरह की बैठक में बराबर भाग लेना चाहिए।

पंचायत में भी तो पारम्परिक स्वशासन के प्रधान को ग्रामसभा में अध्यक्षता करने का अधिकार है और रही बात दूसरे स्तर की तो परगनैत का जो स्थान है वही स्थान मुखिया का है। सिर्फ पंचायत में नाम बदल गया है। परगनैत भी चुने जाते थे और मुखिया भी चुना जाएगा तो परगनैत और मुखिया में कोई अन्तर तो नहीं है और तीसरे स्तर का तो ना कहीं नाम है और ना कहीं काम है। प्रमुख और जिला अध्यक्ष तो प्रखण्ड और जिला में रहेंगे ही, तभी योजनाओं का क्रियान्वयन हो पाएगा।

### ❑ संताल समुदाय (पाकुड़/दुमका क्षेत्र)

**☆ अल्फ्रेड बासकी, मांझी ग्राम–शाहपुर, पंचायत–बारू,**
**प्रखण्ड–लिट्टीपाड़ा, जिला–पाकुड़**

पारम्परिक स्वशासन व्यवस्था में गाँव का प्रधान मांझी होता है। मांझी का काम गाँव

में आपसी विवाद का निपटारा करना और मालगुजारी वसूल कर अंचल कार्यालय में जमा करना है। पहले मांझी मेरे बड़े चाचा थे। बड़े चाचा की मृत्यु के बाद मुझे मांझी बनाया गया, क्योंकि बड़े चाचा का पुत्र नहीं था। मैं लगभग 15 वर्षों से मांझी के पद पर हूँ। मांझी के बाद प्राणीक होता है जो मांझी की अनुपस्थिति में कार्य करता है। उसके बाद गोड़ाइत होता है जो मांझी के निर्देश पर गाँव में सूचना देता है। एक जोग मांझी होता है जो गाँव में शादी-ब्याह होने पर युवक-युवतियों की देखभाल करता है। पूजा-पाठ कराने के लिए नायकी होता है। नायकी दो तरह का होता है—एक नायकी और दूसरा कुड़म नायकी। दोनों का काम पूजा-पाठ कराना होता है।

वैसे तो यह वंशानुगत परम्परा ठीक है। लेकिन यह भी सच है कि इस वंशानुगत परम्परा की वजह से गांव को योग्य मांझी नहीं मिल पाता है। मेरी राय में गाँव का कोई भी व्यक्ति मांझी बनाया जा सकता है, जो शिक्षित, समझदार और योग्य हो, किन्तु मानजमीन हाथ से निकल जाने के डर से पहले के मांझी अपना पद छोड़ना नहीं चाहते और इसीलिए वंशानुगत परम्परा को सही बताते हैं।

यदि पंचायत मुखिया काम करता है तो गाँव का लाभ होगा ही। पंचायत से कोई हानि नहीं है। पंचायत से तो फायदा है लेकिन हम पंचायत चुनाव नहीं चाहते हैं, क्योंकि इससे मांझी का महत्त्व कम हो जाएगा। परन्तु मेरा मानना है कि यदि पंचायत होने से गाँव को फायदा होता है तो किसी एक के नुकसान से कोई अन्तर नहीं पड़ता।

**☆ श्रीमती छमि हेम्ब्रम मांझी, ग्राम–महुआटाँड़, पंचायत–सोनाधनी, प्रखण्ड–लिट्टीपाड़ा (पाकुड़)**

मैं मांझी 1981 में बनी और उसके पहले मांझी मेरी फूआ थी और उसके पहले मेरे दादा जी थे। मेरा कोई भी भाई नहीं है। इसलिए मुझे ही मांझी बनाया गया। मांझी का काम आपसी विवादों का निपटारा करना और मालगुजारी वसूलना है। झगड़ा का निपटारा नहीं होने पर हाथी बथान के परगनैत पांडू के पास जाता है। अभी तक दो केस परगनैत के पास गया है और एक केस थाना में गया है। अधिकांश विवादों का निपटारा गाँव में ही हो जाता है।

मानजमीन और पैतृक जमीन मिलाकर 26 बीघा मिला है। मालगुजारी वसूलने के लिए मैंने दो मुरहील रखी है और उसे 120/- रुपये साल में अपने पास से देती हूँ। मुरहील मालगुजारी वसूलता है और लिखा-पढ़ी करता है। मेरा यह कहना है कि सिर्फ मानजमीन होने के कारण मांझी को काम करना पड़ता है। यदि मानजमीन नहीं होता तो वह यह काम नहीं करती। क्योंकि इसके पीछे बहुत सिरदर्द है और फायदा कुछ भी नहीं है।

ये बात सच है कि विवाद की स्थिति में या विकास सम्बन्धी निर्णय में

महिलाओं की भागीदारी नहीं है। ऐसा इसलिए है कि शुरू से ही महिलाओं के प्रति ऐसी सोच बनी रही है कि महिलाएँ निर्णय नहीं ले सकती हैं। लेकिन आज इस सोच को बदलने की जरूरत है।

पंचायत की जानकारी नहीं है, सिर्फ इतना जानती हूँ कि पंचायत में मुखिया होता है जो गाँव के विकास के लिए कार्य करता है। लेकिन गाँव के प्रधानों का कहना है कि पंचायत चुनाव नहीं होने देंगे। उनका सोचना है कि पंचायत चुनाव होने से प्रधानों का महत्त्व कम हो जाएगा और मुखिया कमीशन लेगा। लेकिन मेरा मानना है कि यदि मुखिया काम करता है तो ठीक है। पंचायत चुनाव में मैं भी खड़ी होना चाहती हूँ लेकिन अशिक्षित होने के कारण खड़ी नहीं होना चाहती। लेकिन गाँव वाले पंचायत चुनाव में वोट देना चाहते हैं।

**☆ श्रीमती सालहो हांसदा मांझी, ग्राम–करीयोडीह, पंचायत–लालजोरी, प्रखण्ड–लिट्टीपाड़ा (पाकुड़)**

मैं करीब 32 वर्षो से मांझी के पद पर हूँ। मेरे पहले मांझी मेरे पिताजी थे। मेरा कोई भाई नहीं था। चाचा के लड़के थे लेकिन गाँव वालों ने मुझे ही मांझी बनाया। मेरा काम आपसी विवाद का निपटारा करना है। निपटारा नहीं होने पर लोग थाना-पुलिस जाते हैं। गोड़ाइत को 4 बीघा के करीब मानजमीन मिला है और उसे दो साल पर जब बदल दिया जाता है तो मानजमीन दूसरे गोड़ाइत का हो जाता है। मांझी का कोई मानजमीन नहीं है। सिर्फ सम्मान है गाँव में, जिसके कारण उन्हें मांझी का काम करना पड़ता है। पूजा-पाठ करानेवाले को नायकी कहते हैं। मालगुजारी वसूलना मांझी का काम है। इसके लिए रसीद भी इन्हें ही छपवाना पड़ता है। लेकिन मालगुजारी वसूलने के बदले कुछ मिलता नहीं है। सम्मान की वजह से यह काम करना पड़ता है।

बैठक में महिलाएँ पहले तो नहीं आती थीं लेकिन अब आती हैं। ऐसे तो महिलाएँ नहीं आ पाती हैं। परन्तु महिला सम्बन्धी विवाद होने पर दोनों आती हैं। लेकिन मेरा मानना है कि महिलाओं को बराबर आना चाहिए। लेकिन पुरुष वर्ग नहीं आने देते और अब महिलाएँ घर से निकलकर महिला मण्डल में आने भी लगी हैं।

मुझे पंचायत की जानकारी नहीं है। हमारे यहाँ रघुवर मुखिया थे लेकिन उनसे भी क्या हुआ। मुखिया ठीक से काम करे तो ठीक है। पंचायत चुनाव होगा तो गाँव वाले वोट देंगे।

**☆ ज्वाय टुडू अधिवक्ता, ग्राम–धनुषपूजा, पाकुड़**

ग्राम स्तर पर मांझी, गोड़ाइत, नायकी, प्राणीक, जोग मांझी होते हैं। ये लोग मिल करके गाँव को चलाते हैं। किसी भी विवाद का निपटारा गाँव वाले मिलकर ही करते

हैं। अन्तिम निर्णय अन्त में प्रधान सुनाता है जिसे गाँव वालों को मानना पड़ता है। यह शासन व्यवस्था तबसे है जब संताल समाज की रचना हुई। जब लोगों के बीच तरह-तरह का विवाद होने लगा तब लोगों ने एक नियम बनाया ताकि शक्तिशाली व्यक्ति किसी कमजोर को दबा न सके। तब इस व्यवस्था को लागू किया गया।

ये बात सच है कि पारम्परिक स्वशासन व्यवस्था की विकास के क्षेत्र में भूमिका नहीं रही है लेकिन अब सरकार और गाँव वालों के बीच सम्बन्ध बनाने के लिए सरकार ग्रामसभा के माध्यम से तो प्रयास कर ही रही है।

मजबूतियाँ तो सिर्फ विवाद को निपटाने तक ही देखने को मिलती हैं। परन्तु कमजोरियाँ अब यह देखने को मिलती हैं कि शिक्षित वर्ग के लोग ग्राम प्रधान की बात को नहीं मानते हैं। वैसे ग्राम प्रधान भी अब ईमानदार नहीं रहे। सक्षम व्यक्ति ग्राम प्रधान को मिलाकर फैसला अपने पक्ष में करने का प्रयास करता है। परन्तु वंशानुगत परम्परा के कारण गाँव को शिक्षित, योग्य प्रधान नहीं मिल पाता है।

वंशानुगत परम्परा का बदलाव जरूरी है। यदि गाँव वाले शिक्षित, योग्य व्यक्ति का चयन करना चाहते हैं तो इसके लिए वंशानुगत परम्परा अनुचित है। ऐसा भी देखा गया है कि अशिक्षित प्रधान गाँव को सही ढंग से चलाने में, निर्णय में सफल हुए हैं। यदि अशिक्षित व्यक्ति गाँव को ठीक से चला रहा है तो ठीक है और यदि अशिक्षित व्यक्ति बिलकुल ही अयोग्य है तो उसे हट जाना ही ठीक है। ऐसी स्थिति में गाँव का कोई भी व्यक्ति प्रधान बनना चाहिए।

एसपीटी एक्ट के अनुसार मानजमीन उसी का होता है जो प्रधान होता है। यदि प्रधान कोई दूसरा बनता है तो मानजमीन उसके पास चला जाएगा। एसपीटी एक्ट ऐसा नहीं कहता है कि यह वंशानुगत रहेगा। यह कहता है कि जो प्रधान होगा मानजमीन उसी का होगा। यहाँ थोड़ी विवाद की स्थिति है कि मानजमीन हाथ से निकल जाने के डर से प्रधान वंशानुगत परम्परा में बदलाव नहीं चाहते। यदि इस विवाद को हम दूर करना चाहते हैं तो एसपीटी एक्ट में संशोधन की आवश्यकता होगी ताकि जमीन जिसे मिल गई है उसी के पास रहे लेकिन गाँव को चलाने के लिए योग्य प्रधान का चयन किया जाए।

यह सही है कि जमीन के लालच में ही उसके वंश के लोग गाँव का प्रधान बनना चाहते हैं। लेकिन यदि मानजमीन को हटा दिया जाए तो कोई भी प्रधान बनना नहीं चाहेगा। इसके लिए सरकार को चाहिए कि प्रधान को मानदेय देने का प्रावधान किया जाए।

गाँव स्तर के ऊपर परगनैत होते थे लेकिन अब यह नियम रहा नहीं। परगनैत जो होता था वह गाँव प्रधान का सम्बन्धित कोर्ट होता है। जिस बात का फैसला लोग गाँव में करते थे यदि उसका फैसला प्रधान द्वारा नहीं हो सका तो उस मामले को परगनैत के पास भेज दिया जाता था। परगनैत का पद पहले बहुत

ही महत्त्वपूर्ण माना जाता था। परन्तु ब्रिटिश शासन काल समाप्त होने के बाद परगनैत का नियम रहा नहीं। अभी कहीं-कहीं परगनैत का नाम है लेकिन उसका कोई महत्त्व नहीं है।

एसपीटी एक्ट के अनुसार जब प्रधान की मृत्यु हो जाती है तब मृत्यु के तीन महीने के अन्दर उसके उत्तराधिकारी को आवेदन देना होगा। सदर एसडीओ के पास और एसडीओ सच्चाई जानने के लिए निरीक्षण करेंगे और यह जानना चाहेंगे कि क्या गाँव वाले भी उसे प्रधान बनाना चाहते हैं और उसके खिलाफ कोई दूसरा व्यक्ति खड़ा हुआ है या नहीं। लेकिन पहली प्राथमिकता प्रधान के बड़े लड़के को दी जाती है। बशर्ते वह प्रधान की मृत्यु के तीन महीने के अन्दर आवेदन दिया हो। यदि तीन महीने के बाद उसका आवेदन पड़ता है तो वह गाँव खास हो जाता है और वहाँ वंशानुगत व्यवस्था खत्म हो जाती है और तब 2-3 भी खड़े हो सकते हैं। जिसका वोट ज्यादा होगा वह प्रधान बनेगा और मानजमीन उसके पास आ जाएगी।

एसपीटी एक्ट के बाद है संताल परगना गजटीयर। इस गजटीयर में संताल समाज के विषय में बताया गया है। इसमें घरजमाई का नियम है। जिसका लड़का नहीं है सिर्फ लड़की है वह घरजमाई ला सकता है और घरजमाई का अधिकार वही होगा जो लड़के का होता है।

ब्रिटिश सरकार ने जो कानून बनाए वह किस हद तक सही हैं?

ब्रिटिश सरकार ने जो कानून बनाए वह अपनी जगह ठीक हैं किन्तु बदलते परिवेश के अनुसार उसमें संशोधन लाना आवश्यक है। कानून हमेशा एक समान नहीं रहता है। संताल विद्रोह इसलिए हुआ था क्योंकि संतालों को परेशान किया जा रहा था और संतालों की एक ही माँग थी कि जिस तरह पहाड़िया समाज के लिए मि. प्लैटून को रखा गया है उसी तरह संताल समुदाय के लिए प्लैटून के समान एक अधिकारी दिया जाए, क्योंकि मि. प्लैटून पहाड़िया समुदाय का संरक्षक माना जाता था तो संताल के संरक्षण के लिए भी एक अधिकारी होना चाहिए।

संताल एकजुट होकर भागलपुर गए। उस समय भागलपुर के कमिश्नर थे मि. अल्वा। मि. अल्वा ने उन लोगों की माँग को सुना और आश्वासन दिया कि आप लोग लौट जाएँ एक महीने के अन्दर आप लोगों के लिए विशेष अधिकारी नियुक्त कर दिया जाएगा। लेकिन छह माह बीत जाने के बाद भी उनके लिए विशेष अधिकारी नहीं दिया गया। तब लोगों ने ब्रिटिश सरकार के खिलाफ विद्रोह कर दिया। इस विद्रोह में बहुत लोग शहीद हुए। तब ब्रिटिश सरकार की आँखें खुलीं और संताल परगना टेनेंसी एक्ट बना और इसी के नाम पर इस क्षेत्र का नाम संताल परगना पड़ा।

महिलाओं का स्थान आरम्भ में ठीक था लेकिन विवाद की स्थिति में हुई बैठक में महिलाएँ भाग नहीं लेती थीं। लेकिन समाज में महिलाओं को इज्जत की दृष्टि से देखा जाता था। शादी-ब्याह के मामले में भी लड़के वाले को लड़की की तलाश करनी होती है। लड़का लड़की वाले को गोनोंगपोंग यानि दहेज देते थे। संताल समाज का नियम है कि जो लड़की लड़के को घरजमाई लाती है वही पैतृक सम्पति की अधिकारी है। लेकिन जिस लड़की की शादी होने के बाद लड़की लड़के के घर में ही रहती है तो उस लड़की का पैतृक सम्पत्ति में अधिकार नहीं होता है।

**☆ मो. कुर्बान अंसारी, ग्राम–आसनदीपा के प्रबुद्ध व्यक्ति, पाकुड़**

इस गाँव में 60 प्रतिशत संताल समुदाय के लोग हैं और 40 प्रतिशत मुस्लिम समुदाय के लोग हैं। इस गाँव में आज से करीब 20 वर्ष पहले मांझी की मृत्यु के बाद उसका लड़का मांझी बना। उस मांझी की भी 5-6 वर्ष पहले मृत्यु हो गई। उसके बाद से मांझी कोई नहीं बना और मानजमीन का उपयोग उसके गोतिया लोग कर रहे हैं। प्रशासन की ओर से भी कोई पूछताछ नहीं की गई है और गाँव के लोगों को भी इससे कोई परेशानी महसूस नहीं हो रही है। इसलिए सभी चुप हैं।

मालगुजारी अंचल कार्यालय का कर्मचारी वसूलता है पहले जो मांझी था उसका लड़का अपने पिता की मृत्यु के बाद 1-2 वर्ष से मालगुजारी वसूल कर अंचल कार्यालय में जमा नहीं किया तबसे कर्मचारी ही मालगुजारी वसूल कर ले जाते हैं।

संताल समाज में बहुत परिवर्तन आया है। हमारे यहाँ जो आदिवासी हैं लगभग 90 प्रतिशत ईसाई बन गए हैं और 5 प्रतिशत सपाहोड़ बन गए हैं। बाकी 5 प्रतिशत में 5-6 घर ही सही आदिवासी बच गया है। जब ईसाई धर्म को लोगों ने अपना लिया तब संताली समाज से परम्परा रीति-रिवाज समाप्त हो गया। यहाँ का पर्व है बधना, सरहूल और उनके कई धार्मिक त्योहार खत्म हो गए। अभी स्थिति यह है कि आज के लोग यह नहीं जानते हैं कि उनका पारम्परिक रीति-रिवाज, नियम कानून क्या था?

**☆ मो. रुहुल अंसारी अधिवक्ता, थानापाड़ा, पाकुड़**

संताल समुदाय के जो पारम्परिक रीति-रिवाज और गाँव की स्वशासन व्यवस्था है, अब भी चली आ रही है। सुप्रीम कोर्ट ने एक बार राज्य सरकार को निर्देश भी दिया था कि लोगों की सोच को जानिए और वर्तमान परिस्थिति के अनुसार कानून को संशोधित कीजिए। लेकिन अभी तक कुछ हुआ नहीं है।

बहुत से संताली ऐसे हैं जो चाहते हैं कि conventional Law में कुछ परिवर्तन हो। लेकिन अभी ज्यादातर लोग हमारा जो रीति-रिवाज है, जो conventional Law है उसमें बदलाव नहीं चाहते हैं। हमारे खयाल से वर्तमान परिस्थिति को देखते हुए परिवर्तन होना चाहिए। यहाँ तक कि जो संताल का Non-Saleble Land है उसमें भी कुछ ऐसा संशोधन आए ताकि आदिवासी को अपनी आवश्यकतानुसार कुछ जमीन उपायुक्त के निर्देश पर बेचने का अधिकार मिल जाए। ऐसा नहीं होने से आदिवासी समुदाय कौड़ी के भाव जमीन दूसरे के नाम कर रहे हैं।

यदि जमीन को बेचने का अधिकार मिल जाता है तो उसकी आर्थिक स्थिति के साथ ही सामाजिक स्थिति में भी सुधार आ सकता है। लोग जमीन रहते मजदूरी करने के लिए बंगाल इत्यादि शहरों में चले जाते हैं और जब बीमार पड़ते हैं तब इलाज करवाने के लिए उनके पास पैसा नहीं रहता है। साथ ही आदिवासी समुदाय अपने बच्चों की परवरिश भी ठीक से नहीं कर पाते हैं। वे बच्चों को सही शिक्षा की बात तो दूर पेट भर भोजन भी नहीं दे पाते हैं। इसलिए जमीन बिक्री का प्रावधान करना अनिवार्य है। एसपीटी एक्ट के अनुसार प्रधानी जमीन प्रधान के पास ही रहती है लेकिन उसको अपनी जमीन बेचने का अधिकार होना चाहिए।

संताली की जो गाँव स्तर पर प्रशासनिक व्यवस्था थी वह धीरे-धीरे कमजोर पड़ गई है। प्रधान का भी महत्त्व नहीं रह गया है। परगनैत तो बिलकुल ही खत्म हो गया है। अब लोग उसको दोबारा ठीक करना चाहते हैं। मगर देखें लोग कितना ठीक कर पाते हैं।

एसपीटी एक्ट कहता है कि प्रधान की मृत्यु के बाद प्रधान का बड़ा लड़का प्रधान बने। यदि बड़ा लड़का योग्य नहीं है तो दूसरे लड़के को प्रधान बना दिया जाए। यदि किसी वजह से उसके वंश में योग्य व्यक्ति नहीं है तो गाँव वाले किसी को भी प्रधान बना सकते हैं। ऐसा नहीं है कि यदि अयोग्य व्यक्ति है तो वही गाँव का प्रधान रहेगा। एसपीटी एक्ट कहता है कि मानजमीन नये प्रधान का हो जाएगा। मानजमीन उसी की होती है जो काम करता है।

एसपीटी एक्ट के सेक्शन 5 और सेक्शन 6 में वंशानुगत दावा है। अगर प्रधान का लड़का आवेदन देता है कि मैं मृत प्रधान का उत्तराधिकारी हूँ तो वहाँ देखा जाता है कि सभी उसको स्वीकार कर रहे हैं या नहीं। यदि स्वीकार कर रहे हैं तो वह प्रधान बना दिया जाएगा। सेक्शन 5 के तहत अब यह देखा जाता है कि वह लगातार मालगुजारी जमा कर रहा है या नहीं या फिर किसी संदिग्ध मामले में लिप्त तो नहीं है। यदि प्रधान के खिलाफ किसी तरह की शिकायत है या गाँव वालों का विरोध है तो गाँव वालों को प्रधान चुनने की प्राथमिकता मिलती है।

5 प्रतिशत आदिवासी ही ऐसे हैं जो चाहते हैं कि हमारी पुरानी चयन पद्धति बनी रहे। बाकी लोगों को इससे कोई लेना-देना नहीं है। लेकिन हमारी सोच है कि उनकी जो व्यवस्था है वह भी रहे और विकास के लिए पंचायत चुनाव भी बहुत जरूरी है।

☆ **श्यामलाल गौड़ मुखिया–कालाजोड़ा पंचायत, प्रखण्ड/जिला–पाकुड़**
**मुकुन प्राणिक सरपंच–कालाजोड़ा पंचायत, प्रखण्ड/जिला–पाकुड़**

श्यामलाल 1977-78 के पंचायत चुनाव में मुखिया के लिए विजयी हुए थे और मुकुन प्राणिक 1973-74 में सरपंच के लिए चुने गए थे। मुकुन प्राणिक 1977-78 में भी निर्विरोध सरपंच चुने गए।

जिस समय मुखिया और सरपंच बने उस समय भी गाँव के प्रधान द्वारा आपसी विवाद का निपटारा गाँव स्तर पर नहीं होने पर लोग पंचायत में आते थे और आज भी विवाद का निपटारा गाँव स्तर पर नहीं होने पर लोग थाना-पुलिस में जाते हैं। प्रधान का काम तो पहले भी मालगुजारी वसूलना और छोटे-छोटे विवाद का निपटारा करना था, आज भी गाँव के प्रधान मालगुजारी वसूलते हैं और अंचल कार्यालय में जमा करते हैं पर जब छोटे-छोटे विवाद का निपटारा गाँव स्तर पर नहीं हो पाता है तब लोग थाना-पुलिस जाते हैं, क्योंकि अब तो मुखिया को पावर रहा नहीं। फिर भी हमारे गाँव के आसपास के लोग कभी-कभी आते हैं।

परगनैत पूरे संताल परगना में 2-3 ही थे। यदि किसी गाँव में आपसी विवाद का निपटारा नहीं हो पाया तो उनकी पारम्परिक व्यवस्था में नियम है कि वह मामला लेकर परगनैत के पास जाएँ। लेकिन परगनैत के पास जाना आसान नहीं था, क्योंकि वे दूर रहते थे और मुखिया नजदीक में था। इसलिए लोग पंचायत में आते थे। लेकिन अब तो परगनैत का काम बिलकुल ही खत्म हो गया है। अब आपसी विवाद का निपटारा प्रधान से नहीं हुआ तो लोग थाना-पुलिस जाते हैं।

पंचायत चुनाव तो संविधान की व्यवस्था है। पंचायत चुनाव तो होगा ही इसी के द्वारा ही गाँव का विकास सम्भव है।

1973-74 के पंचायत के बारे में तो नहीं कह सकते, लेकिन 1978 के पंचायत चुनाव में जब मुखिया बनाया गया तब तो गाँव के विकास के लिए प्रयास किया गया था। उस समय तो ज्यादा फण्ड नहीं मिल पाता था। जे.आर.वाई. का फण्ड दो साल ही मिला था।

वर्तमान में गाँव में प्रधान मांझी है। उसके साथ गोड़ाइत और नायकी है। लेकिन प्रधान का गाँव में कोई महत्त्व नहीं रह गया है। सिर्फ नाम रह गया है। कुछ ही गाँवों में प्रधान का महत्त्व है जहाँ के प्रधान कुछ शिक्षित और जागरूक हैं।

☆ **पांडू मुर्मू परगनैत, ग्राम–हाथी बथान, लिट्टीपाड़ा**

मैं परगनैत 1986 में बना और परगनैत का मुख्य काम है जो विवाद गाँव के प्रधान से नहीं निपट सका उसका निपटारा करना। लेकिन थाना-पुलिस के हस्तक्षेप के कारण परगनैत का काम अब नहीं रह गया है। जब वे परगनैत थे तब वे संताली

और पहाड़िया दोनों के विवादों का निपटारा करते थे।

परगनैत के ऊपर कोई नहीं होता है। बल्कि परगनैत के नीचे देश मांझी और चकलादार होता है। चकलादार का काम परगनैत के निर्देश पर गाँव में सूचना देना और देश मांझी का काम जब प्रधान के द्वारा फैसला नहीं होता तब देश मांझी करते हैं और उससे भी फैसला नहीं होता तब मांझी और देश मांझी परगनैत के पास आते थे और यहाँ फैसला हो जाता था। ये फैसला धर्मपुर बँगला में करते थे।

परगनैत का चुनाव होता है। यह चुनाव सदर एस.डी.ओ. करवाते हैं। इसमें 2-4 व्यक्ति भी खड़े हो सकते हैं। परगनैत का पद वंशानुगत नहीं है और परगनैत का मानजमीन भी नहीं है। लोग जिस परगनैत को चुनना चाहते हैं, उसके पक्ष में हाथ उठाकर समर्थन करते हैं।

एसपीटी एक्ट के तहत मांझी को मानजमीन मिली है। इसी कारण मांझी का पद वंशानुगत है। लेकिन अधिकांशतः मांझी या उसका परिवार अशिक्षित होता है, जिसके चलते गाँव को सही प्रतिनिधि नहीं मिल पाता। मेरा कहना है कि गाँव का मांझी शिक्षित और योग्य होना चाहिए।

इसके लिए चुनाव होना चाहिए। जिस तरह से परगनैत का चुनाव होता है। तभी योग्य शिक्षित व्यक्ति गाँव का प्रधान बन सकता है।

महिलाओं की भूमिका पुरानी व्यवस्था में बहुत कम है। क्योंकि पुरुष समाज महिलाओं को बैठक में बुलाता ही नहीं है। तो महिलाएँ कैसे आएँगी? मेरे अनुसार सभी तरह की बैठकों में महिलाओं की भागीदारी होनी चाहिए।

पंचायत चुनाव में पहले तो मुखिया और सरपंच थे लेकिन अब सरपंच नहीं होंगे और वार्ड सदस्य पंचायत समिति सदस्य इत्यादि होंगे। मेरी राय में पंचायत चुनाव तो जरूरी है ही क्योंकि पंचायत चुनाव के बाद ही विकास की बात सोच सकते हैं।

भले ही मांझी और परगनैत का महत्त्व कुछ कम हो जाए, लेकिन पारम्परिक स्वशासन व्यवस्था पर कोई फर्क नहीं पड़ेगा। पारम्परिक स्वशासन व्यवस्था उसी ढंग से चलेगी जिस ढंग से चलती रही है। लेकिन विकास के लिए तो पंचायत चुनाव अनिवार्य है ही।

पंचायत चुनाव सरकार की व्यवस्था है तो यह होगी ही। पंचायत चुनाव से किसी को भी एतराज नहीं है। मेरे अनुसार करीब 90 प्रतिशत लोग पंचायत चुनाव में वोट देने जाएँगे। और यदि वे मुखिया बनते हैं तो सड़क, पीने का पानी, बिजली, स्कूल और अस्पताल बनवाएँगे।

दोनों व्यवस्थाएँ एक साथ चल सकती हैं। चूँकि पारम्परिक स्वशासन व्यवस्था गाँव में आपसी विवाद को हल करने की व्यवस्था है और पंचायत व्यवस्था विकास की व्यवस्था है। इसलिए दोनों ही जरूरी हैं।

☆ **मायकल सुन्दर हेम्ब्रम सचिव–झारखंड आदिवासी विकास समिति प्रबुद्ध व्यक्ति एवं अवकाश प्राप्त रेलवे इंजीनियर, ग्राम–खिजूरिया, दुमका**

इस व्यवस्था में पहले से तो अन्तर आया है। पक्षपात की बातें खासकर ज्यादा देखने को मिलती हैं। नशा इत्यादि कराकर लोग निर्णय अपने पक्ष में करने का प्रयास करते हैं जिससे न्याय नहीं मिल पाता है।

इस व्यवस्था में मांझी के बाद मोढ़े मांझी, दिशुम मांझी और अन्त में लॉवीर होता है। इसे सुप्रीम कोर्ट माना जाता था, किन्तु वर्तमान परिवेश में गाँव में मांझी की भूमिका ही देखने को मिलती है।

पारम्परिक स्वशासन व्यवस्था से विकास का काम नहीं हो सकता है। क्योंकि विकास के लिए कहीं से किसी तरह की सहायता राशि नहीं मिल पाती है, फिर भी कुछ काम श्रमदान से होता रहा है।

वंशानुगत परम्परा बिलकुल गलत है क्योंकि यदि प्रधान की मृत्यु के बाद प्रधान का लड़का प्रधान बनना चाहता है और उसका चचेरा भाई भी प्रधान बनना चाहता है तो गाँव वाले एस.डी.ओ. के समक्ष हाथ उठाकर समर्थन देते हैं। जिससे गाँव के योग्य व्यक्ति को गाँव का प्रधान बनने का मौका नहीं मिलता। आज इस वंशानुगत परम्परा में बदलाव आवश्यक है।

एसपीटी एक्ट के तहत जो प्रधान है उसी को मानजमीन मिलनी चाहिए और गाँव वाले जिसे प्रधान चुनते हैं मानजमीन भी उसी के पास होनी चाहिए। इसके लिए एसपीटी एक्ट में संशोधन की आवश्यकता तो महसूस होती ही है।

गाँव में जब भी बैठक होती है तो गोड़ाइत आवाज देकर सभी को बैठक में आने के लिए कहता है। लेकिन महिलाएँ घरेलू कामकाज के कारण बैठक में नहीं आ पातीं। दूसरी बात है कि महिलाएँ शिक्षा के मामले में भी काफी पीछे हैं। जिसके कारण उनको हिचकिचाहट होती है कि हम क्या बोलेंगे। साथ ही यह भी बात सही है कि पुरुष लोग बैठक में महिलाओं को बैठने देना नहीं चाहते जो गलत है। सर्व-सहमति तभी होगी जब दोनों की भागीदारी हो।

पंचायत में पेसा कानून के तहत पंचायत चुनाव होता है, तो ठीक है। यदि पेसा कानून के तहत पंचायत चुनाव नहीं होता है तो यह आदिवासी समुदाय के लिए शोषण होगा।

यह आधुनिक युग है। इसमें चुनाव तो अनिवार्य है ही। सर्वसम्मति से सही प्रतिनिधि का चयन नहीं किया जा सकता है। परम्परा में तो सुधार और संशोधन होना ही चाहिए।

## ❑ राँची के बुद्धिजीवी वर्ग से बातचीत

☆ **डॉ. रामदयाल मुंडा अवकाश प्राप्त कुलपति, राँची विश्वविद्यालय, राँची**

वर्तमान स्थिति तो ठीक नहीं है। यदि पारम्परिक स्वशासन व्यवस्था चलती रहती

यानि कि जैसे पहले थी, तो ऐसा हाल नहीं होता। बीच में स्वतन्त्रता के बाद नई पंचायत को जो लाया गया, उससे पारम्परिक पंचायत का पतन हुआ है। स्वतन्त्रता के बाद नई व्यवस्था जो आई, उस नई व्यवस्था से हमारी पारम्परिक स्वशासन व्यवस्था को सामंजस्य स्थापित करने में कठिनाई हुई। कठिनाई इसलिए हुई कि हमारी व्यवस्था तो गाँव की व्यवस्था थी और नई व्यवस्था जो आई वो बड़ी यूनिट को लेकर आई, तो कठिनाई तो होनी ही थी।

प्रायः विवाद का निपटारा गाँव में ही हो जाता है। कोई बड़ा मामला होता है तभी ऊपर स्तर पर जाता है। इस व्यवस्था में सिर्फ विवाद का निपटारा ही नहीं, बल्कि विकास का काम भी जुड़ा है। जैसे गाँव के बीच में जंगल है तो जंगल की रखवाली पाँच गाँव मिलकर ही करेंगे। यदि एक गाँव जंगल की रक्षा करे और चार गाँव मिलकर काटें तो जंगल कैसे बचेगा। वहाँ तो पाँच गाँव मिलकर ही जंगल की रक्षा कर सकते हैं।

इस बात को लोग स्वीकार करते हैं कि महिलाओं की भूमिका कम है और महिलाओं की भूमिका अनिवार्य भी है। पहले महिलाओं की भूमिका घर के आसपास की ही थी। आज कानून में तो एक-तिहाई महिलाओं की बात है, जबकि महिलाओं की भागीदारी आधा होना चाहिए थी।

पहले परम्परा थी कि महिलाएँ बैठक में भाग नहीं लेंगी, निर्णय में महिलाओं की भागीदारी नहीं होगी, किन्तु वर्तमान समय में और समय के बदलाव के साथ महिलाओं की भागीदारी प्रत्येक क्षेत्र में अनिवार्य है।

जमीन पर अधिकार न तो पुरुष का है और न ही स्त्री का। यह तो समाज की है, लेकिन कागज पर नाम बड़े भाई का होता है। लेकिन लोग समझते हैं कि उक्त जमीन पर मेरा अधिकार है, जबकि ऐसा नहीं है। जमीन पूर्वजों ने दी है उसे वैसा ही रहना चाहिए। जमीन के कागज पर महिलाओं का नाम नहीं देखने को मिलता था, लेकिन अब कहीं-कहीं उनका नाम भी जमीन पर देखने को मिल रहा है। शादी के बाद लड़कियाँ दूसरे घर चली जाती हैं और वहाँ भी उनका सम्पत्ति पर अधिकार होता है, जिसके कारण पैतृक सम्पत्ति पर महिलाओं का अधिकार नहीं होता है।

पंचायत चुनाव से पारम्परिक स्वशासन व्यवस्था पर बहुत असर पड़ेगा। पंचायत चुनाव के बाद पारम्परिक प्रधान का महत्त्व कम हो जाएगा। जिससे गाँव में आपसी सद्भाव का ह्रास होगा और पारम्परिक स्वशासन धीरे-धीरे समाप्त हो जाएगा, इससे आदिवासी समाज की संस्कृति प्रभावित होगी।

पेसा के तहत पंचायत चुनाव होने से आदिवासी समुदाय का प्राकृतिक संसाधनों पर अधिकार होगा, जिससे वे अपनी जरूरतों के अनुसार प्राकृतिक संसाधन का उपयोग कर सकते हैं और उसका संरक्षण भी कर सकते हैं। पंचायत के तहत

भी पारम्परिक स्वशासन को शामिल किया गया है, लेकिन सूक्ष्म रूप में शामिल किया गया है। मुझे लगता है कि पंचायत और पारम्परिक स्वशासन व्यवस्था को आपस में सामंजस्य बनाना चाहिए जिससे कि गाँव में सद्भाव स्थापित हो सके।

**☆ रश्मि कात्यायन अधिवक्ता, सिविल कोर्ट, राँची**

संताल, मुंडा, हो, उराँव, पहाड़िया, खड़िया की पारम्परिक स्वशासन व्यवस्था अभी भी बरकरार है। नाम भले ही अलग-अलग हो सकता है। लेकिन सभी का निष्कर्ष एक ही है। नाम से सिर्फ अपनी पहचान स्थापित होती है। जैसे—गाँव के प्रधान को कहीं मांझी कहते हैं, कहीं मुंडा, कहीं महतो। और पूजा करानेवाले को कहीं बैगा, तो कहीं पहान, तो कहीं दिउरी कहते हैं। लेकिन सभी का काम एक ही है। सभी का सोच है कि उपलब्ध सामुदायिक संसाधनों का उपयोग कैसे किया जाए उनको सामाजिक रीति-रिवाज और समाज की सामाजिक पंचायत में रखकर उसका प्रयोग कैसे किया जाए। अभी तक पारम्परिक स्वशासन व्यवस्था सामाजिक रीति-रिवाज, परम्पराओं के लिए ही कायम है। इतना कह सकते हैं कि शहरीकरण के कारण शहर के अगल-बगल यह ढाँचा टूट गया है, लेकिन शहर से जितना दूर जाएँगे यह उतना ही नजर आएगा और इसका कारण यह है कि आजादी के बाद जो नई पंचायत व्यवस्था लागू की गई, 1992 आते-आते उसकी प्रासंगिकता ही खत्म हो गई।

जमींदारी प्रथा का उन्मूलन तो हो गया है, लेकिन यह सिर्फ कागज पर हुआ है। सही अर्थों में जमींदारी प्रथा का उन्मूलन नहीं हो पाया है। त्रिस्तरीय व्यवस्था पारम्परिक स्वशासन व्यवस्था में नहीं थी। पहले एक गाँव में एक ही परिवार के लोग रहते थे। कालान्तर में जैसे-जैसे विकास होता गया तो एक घर कुम्हार को ले आए, एक घर लोहार को ले आए, गोप-अहीर को ले आए एक घर और यही सबूत है कि गाँव में रैयत नहीं है भले ही जमीन लोगों ने खरीद लिया हो। त्रिस्तरीय व्यवस्था को वही लोग मानते रहे हैं जो जमींदारी को बचाना चाहते हैं।

एक गाँव का एक परिवार था तो उसका एक ही हेड हो सकता था और वह था पहान। लेकिन जमींदारी व्यवस्था का जो प्रवेश होता है 1793 से लेकर 1900 ई. तक। क्योंकि 1900 में ही जब नापी हुई थी, तो जो पारम्परिक पंचायत वाले बिरसा के अनुयायी लोग बच गए थे, उन्होंने कहा कि हमारा नाम अलग करो और उनको मुंडारी खुँटकटी के नाम से अलग मान्यता मिल गई। वही मुंडारी खुँटकटी व्यवस्था पुराने पंचायत का रूप बचा हुआ है। कालान्तर में जमींदारी व्यवस्था का प्रवेश होने से बाहर के लोगों के साथ वार्तालाप भी शुरू होता है।

वंशानुगत परम्परा हर जगह नहीं है। जहाँ-जहाँ जमींदारी प्रथा है वहीं वंशानुगत परम्परा है। वंशानुगत परम्परा बिलकुल अनुचित है और वंशानुगत परम्परा खत्म हो सकती है लेकिन जमींदारी को भूलना होगा। वंशानुगत परम्परा को वही

मानते आए हैं जो अभी भी अपनी जमींदारी को बचाने में लगे हैं।

पंचायत चुनाव तो अनिवार्य है ही, जबकि पारम्परिक स्वशासन व्यवस्था में ग्रामसभा को महत्त्व दिया गया है। क्योंकि ग्रामसभा में पारम्परिक स्वशासन के प्रधान को अध्यक्षता करने का अधिकार दिया गया है, तो पंचायत चुनाव होने से पारम्परिक स्वशासन व्यवस्था पर प्रतिकूल ही प्रभाव हो सकता है।

इसके लिए मिल-बैठकर वार्तालाप की आवश्यकता है। वर्तमान परिवेश में दोनों की महत्ता को समझने की जरूरत है, तभी दोनों के बीच सामंजस्य की बात सोच सकते हैं।

**☆ गिरीधारी राम गंझू रीडर–जनजातीय एवं क्षेत्रीय भाषा विभाग रॉंची विश्वविद्यालय, रॉंची**

मैं मुंडारी क्षेत्र से हूँ। यहाँ हर समुदाय की जातीय पंचायत व्यवस्था है और उसी के द्वारा संचालित भी होती है। जैसे–मुंडाओं और उराँवों का पड़हा पंचायत है। उसी अनुसार सभी की अपनी व्यवस्था है। वर्तमान में पारम्परिक स्वशासन व्यवस्था सिर्फ गाँव स्तर की है। गाँव से ऊपर की भी व्यवस्था थी, लेकिन कई वर्षों से काम नहीं रहने के कारण उनका नाम भी लुप्त-सा हो गया है।

पारम्परिक स्वशासन व्यवस्था से जुड़े लोग भी विकास का प्रयास करते हैं। कुछ काम सरकारी स्तर से भी होता है कुछ श्रमदान से भी होता है। ये भी सही है कि सीधे पारम्परिक स्वशासन को आर्थिक सहायता नहीं मिलने के कारण काम ठीक से नहीं हो रहा है और दूसरी ओर सरकार की पंचायत व्यवस्था भी नहीं है, तो विकास का काम कैसे हो सकता है।

पारम्परिक स्वशासन में पहले महिलाओं की भूमिका नगण्य रही है, किन्तु जैसे-जैसे लोग शिक्षित होते जा रहे हैं अब पुरुष वर्ग समझने लगे हैं कि महिलाओं की भूमिका प्रत्येक क्षेत्र में अनिवार्य है। वे पारम्परिक स्वशासन में सर्वानुमति की बात करते हैं। यदि महिला की भागीदारी नहीं होगी तो सर्वानुमति कैसे कह सकते हैं।

जातीय विवाद की स्थिति में अन्य समुदाय उनकी व्यवस्था में नहीं जाते हैं। लेकिन जब सामूहिक बैठक होती है तब सभी लोग बैठक में भाग लेते हैं। यह बात भी सही है कि अन्य समुदाय के लोग विवाद की स्थिति में उनके पास न जाकर थाना-पुलिस में चले जाते हैं। ऐसा इसलिए होता है कि कुछ वर्षों से पारम्परिक स्वशासन व्यवस्था काफी सुस्त स्थिति में हो गई है। बैठक नियमित नहीं होती है और इसमें कुछ राजनीतिज्ञों का भी प्रभाव है।

सीएनटी एक्ट का निर्माण अंग्रेजी हुकूमत ने फूट डालो और शासन करो नीति के तहत किया था। भले ही आदिवासी समुदाय या वर्तमान सरकार समझे कि यह कानून सुरक्षा की दृष्टि से बनाया गया है। लेकिन सुरक्षा के बहाने आम लोगों को

नाबालिग बना दिया गया है और उसका मालिक सरकार को बना दिया गया। जैसे आदिवासी के जमीन का मालिक डी.सी., कमिश्नर हैं। उसकी अनुमति के बिना वह अपनी जमीन नहीं बेच सकता है। इस कानून के तहत जमीन रहते आदिवासी समुदाय सरकार के रहमोकरम पर निर्भर है। इस तरह आदिवासी का मौलिक अधिकार तो छीन लिया गया है। बहुत-सी जमीन आदिवासी समुदाय ने अन्य समुदायों को बेच दी है, क्योंकि उस आदिवासी के पास जीने के लिए साधन नहीं है।

# भाग-7

## 7.1 पारम्परिक स्वशासन व्यवस्था एवं झारखण्ड पंचायत के बीच सामंजस्य

■ **ढाँचागत सम्बन्ध** : ऐतिहासिक रूप से अगर देखा जाए तो आदिवासियों की पारम्परिक स्वशासन व्यवस्था एवं पंचायती राज में ढाँचागत रूप से समानता देखी जा सकती है। पंचायत प्रणाली का ढाँचा दोनों व्यवस्था में समान देखने को मिलता है। क्योंकि पारम्परिक स्वशासन व्यवस्था एवं पंचायती राज दोनों में त्रिस्तरीय प्रणाली है। किन्तु, वर्तमान में पारम्परिक स्वशासन व्यवस्था सिर्फ गाँव तक ही देखने को मिलता है। शेष पारम्परिक स्वशासन व्यवस्था का दूसरा और तीसरा स्तर गौण हो चुका है। आज के परिवेश में दोनों में तुलनात्मक विवेचन आवश्यक है। परम्परागत स्वशासन व्यवस्था में भी सामूहिक बैठकें गाँव स्तरीय हैं और पंचायती राज व्यवस्था में ग्रामसभा। पारम्परिक स्वशासन व्यवस्था एवं पंचायती राज व्यवस्था के बीच सामंजस्य स्थापित बनाने के लिए पहले दोनों की बैठकें ग्राम स्तर पर एक साथ हों अथवा पारम्परिक स्वशासन व्यवस्था एवं ग्रामसभा की बैठकों में सक्रिय रूप से भाग लें। किन्तु, वर्तमान की मौजूदा समस्या यह है कि कुछ समुदायों में ग्रामसभा अभी भी अस्तित्व में नहीं आई है। परन्तु, संताल एवं हो समुदाय में पारम्परिक स्वशासन व्यवस्था ग्राम स्तर से ऊपर भी मौजूद है। गाँव स्तर से ऊपर यानि द्वितीय स्तर पर संताल समुदाय में मोढ़े मांझी, परगनैत, हो समुदाय में मानकी, मुंडा एवं उराँव समुदाय में पड़हा राजा का नाम वर्तमान में भी सुनने को मिलता है, लेकिन आजादी के बाद हुए पंचायत चुनाव से इनका महत्त्व और कार्य गौण हो गया है।

ढाँचागत रूप से परम्परागत स्वशासन व्यवस्था एवं पंचायती राज व्यवस्था में कुछ समानता पाई जाती है। जैसे–

| | |
|---|---|
| –मांझी (संताल, पहाड़िया), महतो (उराँव), मुंडा (मँडा, हो) | : ग्रामसभा, |
| –मोढ़े मांझी, (संताल समुदाय)। | : ग्राम पंचायत |
| –परगनैत (संताल), मानकी (हो), पड़हा राजा (मँडा, उराँव)। | : पंचायत समिति |

ढाँचागत रूप में अधिकांश समुदाय में ग्राम स्तर (प्रथम स्तर) एवं इलाका स्तर

(द्वितीय स्तर) के बाद पारम्परिक स्वशासन व्यवस्था में तृतीय स्तर का नाम तक नहीं मिलता है, जिसके कारण इसकी तुलना मुश्किल है।

■ **कार्यरूप में सम्बन्ध**--उराँव, मुंडा, हो, संताल और पहाड़िया समुदाय के लोग यह मानते हैं कि दोनों के बीच वर्तमान में जो समानता है वह ग्रामसभा के कार्य से ही है। वहीं पेसा कानून साफ तौर पर यह कहता है कि ग्रामस्तर पर ग्रामसभा को जिम्मेदारी दी गई है। विभिन्न क्षेत्रों जैसे—जमीन के उपयोग, जमीन का बँटवारा एवं विकास के लिए योजनाओं को तैयार करना। परन्तु सच्चाई यह है कि वर्तमान में परम्परागत शासन व्यवस्था इस प्रकार का कार्य नहीं कर पा रही है और इन सब कार्यों का अनुभव भी कम है। इन सब कार्यों के लिए ग्रामस्तर पर मजबूती की आवश्यकता है ताकि वे अपने दायित्वों को निभा सकें।

## ■ एडवोकेसी स्तर पर

√ झारखण्ड में पेसा कानून को झारखण्ड पंचायत के तहत समावेश के लिए एडवोकेसी की आवश्यकता है।

√ सरकारी कानून में समानान्तर कानून एवं विरोधाभास के मुद्दों पर सरकार द्वारा स्पष्टीकरण होना चाहिए।

√ आदिम जनजातियों में नेतृत्व के मुद्दों को भी सरकार द्वारा विचार किया जाना चाहिए।

√ गैर-आदिवासी समुदाय को आदिवासी समुदाय के अधिकार के प्रति जाग्रत करना चाहिए।

√ स्थानीय स्वशासन में समाज के सभी वर्गों की भागीदारी सुनिश्चित करने के लिए सभी समुदायों के बीच जागृति लानी चाहिए।

## ■ कार्यान्वयन स्तर पर

√ वर्तमान समय में पंचायत का पहला काम विकास है। पेसा कानून के तहत पारम्परिक स्वशासन व्यवस्था ग्रामसभा के कार्यों में भाग लेगी एवं शासन व्यवस्था के विकेन्द्रीकरण के रूप में कार्य करेगी। पंचायती राज व्यवस्था, झारखण्ड पंचायती राज कानून एवं पेसा कानून के तहत ग्राम प्रधानों एवं आदिवासी स्वशासन व्यवस्था के प्रतिनिधियों को प्रशिक्षण की आवश्यकता है।

√ सभी समुदायों के बीच गाँव स्तर पर पेसा कानून और झारखण्ड पंचायत में पंचायत की भूमिका को प्रभावशाली बनाने के लिए शिक्षा से जोड़ने और अपने अधिकार एवं पंचायती राज व्यवस्था को समझने की जरूरत है।

√ राज्य में झारखण्ड पंचायत और पारम्परिक स्वशासन के बीच सामंजस्य के लिए वार्तालाप की जरूरत है और पारम्परिक स्वशासन उसका प्रतिनिधित्व करे कि कैसे दोनों व्यवस्था के बीच सामंजस्य स्थापित कर लाभकारी बनाया जा सके।

√ सामुदायिक हितों को नजरअन्दाज कर पंचायती राज व्यवस्था को थोपा नहीं जाना चाहिए।

√ अनुसूचित क्षेत्र के कुछ स्थानों पर जाँच के तौर पर पारम्परिक स्वशासन व्यवस्था एवं पंचायती राज व्यवस्था को पेसा कानून के तहत जोड़कर एक प्रतीक के रूप में तैयार करना चाहिए।

√ पारम्परिक स्वशासन व्यवस्था में जो स्तर कार्य व्यवहार में है, उसे विकास के मुद्दों को जोड़कर पारम्परिक स्वशासन व्यवस्था को इस प्रकार के कार्यों के लिए जाग्रत करना चाहिए।

√ पारम्परिक स्वशासन व्यवस्था को गाँव स्तर पर मजबूत करने और वंशानुगत परम्परा में बदलाव लाकर लोकतांत्रिक रूप से प्रोत्साहित करने की आवश्यकता है।

√ इसके साथ ही पारम्परिक स्वशासन व्यवस्था में महिलाओं की भागीदारी प्रत्येक क्षेत्र में आवश्यक है। इसके लिए रूढ़िवादी परम्परा में संशोधन करने और पुरुषों की सोच में बदलाव की जरूरत है।

√ उपर्युक्त प्रयासों के प्रोत्साहन में स्वयंसेवी संस्थान भी अपनी भूमिका निभा सकती हैं।

# भाग-8

## 8.1 पारम्परिक स्वशासन व्यवस्था सच की कसौटी पर

### ■ ग्रामीण विकास में ग्रामसभा की भूमिका नहीं

गाँवों में लोग अभी भी बुनियादी सुविधाओं के लिए जद्दोजहद कर रहे हैं। गाँवों में न तो बिजली की सुविधा है और न ही स्वास्थ्य सुविधा। इन गाँवों तक पहुँचने वाली सड़कों की स्थिति भी बदतर है। कई गाँवों में पेयजल की विकट समस्या है। इन गाँवों के लोग को अभी भी पीने के पानी की जुगाड़ में प्रतिदिन लगभग डेढ़ से दो किलोमीटर की दूरी तय करनी होती है। शिक्षा व्यवस्था का हाल भी बेहाल है। स्कूल कब खुलेंगे और यदि खुले भी तो बच्चों को मध्याह्न भोजन मिलेगा या नहीं, शिक्षक बच्चों को पढ़ाएँगे भी या नहीं यह शिक्षकों पर निर्भर करता है। गाँवों में कौन-सी विकास योजनाएँ लागू होंगी यह सरकारी बाबुओं पर निर्भर करता है। कुल मिलाकर गाँवों के लोग किसी भी प्रस्तावित विकास योजनाओं पर सहमति सरकारी तंत्र और बिचौलियों की मर्जी पर निर्भर है। यदि गाँवों में ग्रामसभा योजनाओं के निर्माण एवं क्रियान्वयन में महत्त्वपूर्ण भूमिका होती तो गाँव के लोग प्राथमिकता के आधार पर योजनाओं का निर्माण कर सकते थे और तब कम-से-कम गाँव वालों के बुनियादी सुविधाओं का लाभ तो मिल पाता।

कटहरपाड़ा निवासी राजीव माल्तो कहते हैं कि गाँव में ग्रामसभा का गठन 1992 में गाँव के लोगों ने किया था। तबसे ग्रामसभा की बैठक प्रत्येक माह कम-से-कम एक बार जरूर होती है। इन बैठकों में कुछ महिलाएँ भी उपस्थित होती हैं, किन्तु वे कुछ बातें नहीं रख पातीं। श्री माल्तो कहते हैं कि गाँव के विकास के लिए योजनाओं के निर्माण में न तो गाँव वालों का कोई योगदान होता है और न ही उनके क्रियान्वयन में। योजनाओं के निर्माण और क्रियान्वयन में सरकारी तंत्र एवं बिचौलियों की भूमिका रहती हैं। गांव के लोग सिर्फ मोहरा बनते हैं। उन्होंने कहा कि हम लोग अब तक ग्रामसभा को प्रदत्त शक्तियों के अनुरूप काम नहीं कर पाए हैं।

पाकुड़ जिले के महेशपुर प्रखण्ड अन्तर्गत आमड़ागाछी गाँव के बामना पहाड़िया कहते हैं मेरे गाँव में दो-तीन वर्ष पहले ग्रामसभा का गठन तो हुआ था

किन्तु अब तक विकास योजनाओं के निर्माण एवं क्रियान्वयन में इसकी भूमिका कुछ भी नहीं है। इसका गठन सरकार के लोगों ने विशेष कार्यों के संपादन के लिए किया था। कभी बैठक भी हुई तो उसमें महिलाओं की उपस्थिति नहीं होती है।

पाकुड़ प्रखण्ड के कितागोर निवासी फुनू पहाड़िया कहते हैं कि उनके गाँव में ग्रामसभा का गठन नहीं हुआ है। गाँव का विकास सरकारी बाबुओं के रहमोकरम पर निर्भर करता है। वहीं आमड़ापाड़ा प्रखण्ड अन्तर्गत झुमको गाँव के भोला पहाड़िया सहित गाँव के अन्य लोग कहते हैं कि गाँव में बुनियादी सुविधाओं का घोर अभाव है। आलम यह है कि गाँव के लोगों को पीने के लिए शुद्ध जल की व्यवस्था भी सरकार नहीं कर पाई है। गाँव में ग्रामसभा हाशिए पर है। यदि ग्रामसभा की भूमिका गाँव के विकास के लिए योजनाओं के निर्माण एवं क्रियान्वयन में होती तो गाँव के लोगों को पीने के पानी की व्यवस्था के लिए लगभग दो किलोमीटर की दूरी प्रतिदिन तय नहीं करनी पड़ती। गाँव की विकास योजनाओं के निर्माण एवं क्रियान्वयन में इसकी भूमिका कभी नहीं रही है।

## ■ स्वशासन व्यवस्था की समझ आम जनता को नहीं

परम्परागत व्यवस्था से जुड़े लोगों को न तो गाँव में वर्षों से व्याप्त परम्परागत व्यवस्था की समझ है और न ही पेसा कानून के तहत की जाने वाली न्याय व्यवस्था की। इन्हें यह भी पता नहीं कि राज्य में पंचायत चुनाव होनेवाले थे। पंचायत चुनाव को लेकर कोई विवाद भी है इससे ये पूरी तरह बेखबर हैं। इस स्थिति में यह साफ है कि जब लोगों को किसी व्यवस्था की लाभ-हानि का ज्ञान न हो तो ऐसी सभी व्यवस्थाएँ उनके लिए कोई खास मायने नहीं रखतीं। वर्षों से हाशिए पर रह रहे आदिम जनजातीय समुदाय के लोग अन्य आदिवासी समुदायों की अपेक्षा अधिक ठगा महसूस कर रहे हैं।

पहाड़िया समाज उत्थान समिति अरण्यांचल संताल परगना के महासचिव जितेन्द्र मल्तो कहते हैं कि पहाड़िया समुदाय के लोगों की आर्थिक, सामाजिक एवं राजनीतिक स्थिति बदतर है। यह समुदाय अपने अस्तित्व के लिए संघर्ष कर रहा है। वस्तुतः इनके हितों की रक्षा के नाम पर कुछ संस्थाएँ खासकर एक खास समुदाय विशेष संस्था के क्रिया-कलापों पर टिप्पणी करते हुए श्री मल्तो कहते हैं कि पारम्परिक स्वशासन व्यवस्था को लेकर इनकी लड़ाई सिर्फ अपने फायदे के लिए है। उन्होंने कहा कि ऐसी संस्थाओं को डर है कि व्यवस्था परिवर्तन से उनका एकछत्र राज खत्म हो जाएगा। यदि ऐसा नहीं होता तो इन संस्थाओं द्वारा गाँव के भोले-भाले लोगों को कम-से-कम अब तक परम्परागत या पेसा कानून के तहत प्रस्तावित नई व्यवस्था के लाभ-हानि के बारे में विस्तृत जानकारी दी गई होती, ताकि लोग अपनी मनपसन्द व्यवस्था का चुनाव अपनी मर्जी से कर सकते थे।

## ■ परम्परागत शासन व्यवस्था में भागीदारी से वंचित हैं महिलाएँ

महिलाएँ गाँवों में व्याप्त परम्परागत शासन व्यवस्था में भागीदारी नहीं निभाती हैं। महिलाओं को ग्राम प्रधान द्वारा बुलाई गई किसी प्रकार की बैठक में आमतौर पर नहीं बुलाया जाता है। महिलाएँ बैठकों में कभी शामिल भी होती हैं तो उनकी बातों को नहीं सुना जाता। इससे गाँव की चौपालों में होनेवाले किसी भी छोटे-बड़े निर्णय में स्थानीय महिलाओं की भूमिका नगण्य होती है। हालाँकि विभिन्न गाँवों के प्रधान सामाजिक कार्यकर्त्ता सहित अन्य लोग परम्परागत शासन व्यवस्था में महिलाओं की भागीदारी की बात तो करते हैं, किन्तु अब तक इस सम्बन्ध में कोई ठोस पहल नहीं हो सकी है। इस कारण परम्परागत शासन व्यवस्था में महिलाओं की भागीदारी सुनिश्चित नहीं हो पाई है।

गाँव स्तर पर व्याप्त व्यवस्था में महिला प्रतिनिधियों को प्रतिनिधित्व करने का मौका नहीं मिल पा रहा है। महिलाएँ कहती हैं कि ग्राम प्रधान द्वारा बुलाई गई बैठकों में महिलाओं को नहीं बुलाया जाता। एक सवाल के जवाब में ये महिलाएँ कहती हैं कि ग्राम प्रधान को गाँव की महिलाओं को भी बैठकों में आवश्यक रूप से बुलाना चाहिए, ताकि निर्णयों में महिलाएँ भी महत्त्वपूर्ण भूमिका निभा सकें। गाँव के पुरुष कहते हैं कि सर्वांगीण विकास के लिए गाँव में आयोजित बैठकों में महिलाओं की भागीदारी की आवश्यकता महसूस करते हैं। इनका मानना है कि ग्राम प्रधान द्वारा आयोजित बैठकों में महिलाओं को अवश्य बुलाना चाहिए। ऐसी व्यवस्था होने पर गाँव के पुरुष एवं महिलाएँ साथ मिलकर किसी समस्या का समाधान ढूँढ़ेंगे। यह गाँव के हित में आवश्यक है। कुछ महिलाएँ किसी सामुदायिक निर्णय या बैठकों में महिलाओं को शामिल न किया जाना महिलाओं की नियति मानती हैं। इनका कहना है कि हमें घर के कामों से छुटकारा नहीं मिलता। इसके बावजूद हम चाहते हैं कि गाँव के किसी भी निर्णय प्रक्रिया में महिलाओं को आवश्यक रूप से शामिल किया जाय। यदि महिलाओं को परम्परागत शासन-व्यवस्था में जिम्मेवारी दी जाती है तो एक महिला प्रधान पुरुष प्रधान की अपेक्षा बेहतर काम कर सकती है। अब तक हम शासन व्यवस्था से महिलाओं को जान-बूझकर अलग रखा गया है। कुछ लोगों को डर है कि यदि महिलाओं को यह जिम्मेवारी सौंपी जाती है तो पुरुषों की मनमानी नहीं चलेगी। वहीं कुछ पुरुष कहते हैं कि परम्परागत प्रधान वंशानुगत होते हैं जिन्हें आमतौर पर बदलने की गुंजाइश कम है, वहीं महिलाओं का अशिक्षित होना भी उनके प्रधान बनने के रास्ते में प्रमुख बाधक साबित हो रहा है। ये मानते हैं कि महिलाएँ बेहतर काम कर सकती हैं। किसी भी शासन व्यवस्था में महिलाओं को हाशिए पर रख कर विकास की कल्पना नहीं की जा सकती।

## ■ बैठकों में नहीं होती विकास योजनाओं पर चर्चा

परम्परागत शासन व्यवस्था में परम्परागत प्रधानों द्वारा बुलाई गई बैठकों में गाँव से जुड़ी विकास योजनाओं पर चर्चा आमतौर पर नहीं होती। गाँव के चौपालों या सामुदायिक स्थलों पर ग्राम प्रधानों द्वारा विशेषतौर पर किसी विवाद के समाधान या पर्व-त्योहारों को मनाने या किसी सांस्कृतिक कार्यक्रमों के आयोजन को लेकर चर्चा होती है। गाँव के चौपालों में परम्परागत प्रधानों द्वारा बुलाए गए बैठकों में गाँव के विकास को लेकर चर्चा गौण होने के कारण न तो गाँव के विकास के लिए ठोस सामुदायिक पहल हो पाई है और न ही गाँव के लोगों में इसे लेकर संवेदनशीलता की स्थिति बन पाई है। गाँव के लोग गाँवों के वर्तमान स्थिति को अपनी नियति मान बैठे हैं। इनकी स्थिति एक परजीवी की तरह है और वे पूरी तरह सरकार के रहमोकरम पर आश्रित हैं। स्वामी विवेकानन्द कहा करते थे कि चाहे किसी गाँव के विकास के लिए स्वर्ग की पूरी सम्पत्ति लगा दो वह गाँव तब तक विकास नहीं कर सकता जब तक गाँव वालों में विकास करने का जज्बा न हो। गाँव वालों में इस तरह के जज्बे का अभाव है।

## ■ ढोए जा रहे हैं परम्परागत प्रधान, जनता चाहती है बदलाव

गाँवों को अब तक विकास की पटरी पर नहीं लाया जा सका है तो उसकी एक प्रमुख वजह है विभिन्न गाँवों के परम्परागत प्रधानों में विकासोन्मुख सोच का अभाव। राज्य के आदिवासी समुदायों के बीच परम्परागत शासन व्यवस्था प्रचलित रही है। आदिवासी बहुल क्षेत्रों में प्रचलित परम्परागत शासन व्यवस्थान्तर्गत शासन व्यवस्था विभिन्न स्तरों पर जिस कुशलता के साथ संचालित हो रही थी, उसे शासन व्यवस्था की प्रासंगिकता पर सवाल उठाना गैर-जिम्मेदारी भरा कदम होगा। उस समय की बात कुछ और थी कि लोग सरल, सहज और छल-प्रपंच से दूर थे। लोगों का इस व्यवस्था के प्रति गहरा लगाव था। समय बदलने के साथ लोगों की सोच भी बदली। परिवर्तन एक स्वाभाविक प्रक्रिया भी है। समय के साथ सोच में बदलाव आया भी तो यह अचरज की बात भी नहीं है। विभिन्न आदिवासी समुदाय के लोग अब परम्परागत शासन व्यवस्था की प्रासंगिकता पर सवाल उठाने लगे हैं। लोगों का मानना है कि समय के साथ इस व्यवस्था में भी बदलाव अपेक्षित था। समय की माँग भी यही थी, किन्तु इसमें बदलाव न होने से अब केवल ग्राम स्तर पर ही इस व्यवस्था के अवशेष मिल रहे हैं।

# भाग-9

## 9.1 क्षेत्र अध्ययन हेतु मार्गदर्शिका प्रश्न

### ■ पारम्परिक स्वशासन व्यवस्था

**भाग-क : स्वशासन व्यवस्था**

- आपके गाँव में शासन की क्या पद्धति है?
- इस व्यवस्था में मुख्य पद क्या है? इस पद पर कौन हैं और उनका क्या उत्तरदायित्व है?
- पद का चुनाव कैसे होता है?

**भाग-ख : पारम्परिक स्वशासन व्यवस्था का कार्य**

- इस व्यवस्था का क्या कार्य है?
- इस व्यवस्था में विवादों का निपटारा कैसे होता है?
- गाँव के राजनीतिक वार्तालाप में आप क्या बात करते हैं? जैसे–
- एमपी/एमएलए, इत्यादि।
- विवादों का निपटारा गाँव में नहीं होने पर आप क्या करते हैं?

**भाग-ग : बैठक**

- बैठक के लिए क्या करते हैं और बैठक कहाँ आयोजित करते हैं?
- बैठक में कौन-कौन लोग भाग लेते हैं?
- बैठक की अध्यक्षता कौन करते हैं और निर्णय की क्या प्रक्रिया है?
- पिछले 2-3 बैठक के बारे में बतायें?
- गाँव में सूचना कैसे देते हैं?

**भाग-घ : पारम्परिक स्वशासन में विकास के लिए आर्थिक सहायता**

- गाँव के विकास के लिए इस व्यवस्था के तहत संसाधन की व्यवस्था कहां से करते हैं?
- दण्ड में ली गई रकम को कहाँ जमा करते हैं?
- गाँव में आर्थिक संसाधन जुटाने में पारम्परिक स्वशासन की क्या भूमिका है?

भाग-च : बाहरी प्रभाव

– किस स्थिति में पुलिस एवं थाना से संपर्क करते हैं?

– आपके गाँव में स्वयंसेवी संस्थान, मिशनरीज या सरकारी विकास संस्था का क्या प्रभाव है?

– पलायन का आपकी व्यवस्था पर क्या प्रभाव पड़ा है?

भाग-छ : मजबूतियाँ एवं कमजोरियाँ

– आपकी व्यवस्था में क्या मजबूतियाँ हैं?

– आपकी व्यवस्था में क्या कमजोरियाँ देखने को मिलती हैं?

## ■ पंचायती राज व्यवस्था

– पंचायती राज व्यवस्था की क्या जानकारी है?

– पंचायती व्यवस्था का किसी तरह का यदि अनुभव हो, तो बताएँ?

– आपके समुदाय एवं पारम्परिक व्यवस्था को पंचायत से क्या लाभ होगा?

– आपके समुदाय एवं पारम्परिक व्यवस्था को पंचायत से क्या हानि हो सकती है?

## ■ भूमि प्रयोग

– गाँव के भूमि का मालिक कौन है?

– भू-स्वामी के पास जमीन का पट्टा है?

– गाँव में भूमि के कितने प्रकार हैं?

## ■ प्राकृतिक संसाधन

– वर्तमान में गाँव की भूमि पर क्या प्राकृतिक संसाधन हैं (जल, जंगल, भूमि)?

– किसी भी तरह के प्राकृतिक संसाधन पर किसका अधिकार है?

– प्राकृतिक संसाधन जैसे जंगल की सुरक्षा कौन करता है?

– प्राकृतिक संसाधन—वनोत्पाद, मछली पालन के प्रयोग के लिए क्या करते हैं?

## ■ रीति-रिवाज

– आपके समुदाय में पारम्परिक संस्कृति क्या है और पर्व-त्योहार कैसे मनाते हैं?

— आपके समुदाय में शादी-ब्याह की क्या रीति है? शादी-ब्याह कैसे करते हैं?
— आपके समुदाय में पर्व-त्योहार, शादी-ब्याह या अन्य अवसरों का उत्तरदायित्व किसे है?

## ■ स्वास्थ्य

— निकटतम स्वास्थ्य केन्द्र कहाँ है? इसकी स्थिति कैसी है?
— आपके समुदाय के महिलाएँ-बच्चे किसी स्वास्थ्य योजनाओं से लाभान्वित हुए हैं (जैसे—पोलियो, प्रसव इत्यादि)
— बीमार पड़ने पर गाँव में क्या करते हैं? आपके यहाँ पारम्परिक दवा या चिकित्सक हैं?

## ■ शिक्षा

— आपके समुदाय में अधिकांश लोगों का शैक्षणिक स्तर क्या है?
— आपके गाँव के नजदीक में स्कूल है?(सरकारी, मिशनरी या संस्थागत)
— स्कूल में कितने शिक्षक हैं। इसमें आपकी क्या भूमिका है?
— शिक्षा के प्रति आपकी क्या सोच है? आपके समुदाय के सभी लोग बच्चों को स्कूल भेजते हैं?

## ■ विकास

— प्रखण्ड कार्यालय से क्या लाभ प्राप्त किए हैं?
— हाउसिंग या अन्य कल्याणकारी योजना से समुदाय को लाभ मिला है? (जैसे—पेंशन, इन्दिरा आवास, बिरसा आवास)
— गाँव के विकास में किसी स्वयंसेवी संस्थान की भूमिका है?
— विकास को आप किस दृष्टि से देखते हैं?

## ■ समुदाय की महिलाओं से बातचीत

— पारम्परिक स्वशासन व्यवस्था के विषय में आप क्या जानती हैं?
— गाँव की बैठक और निर्णय में आपकी क्या भूमिका है?
— आप क्या करती हैं? आपके समुदाय से सरकारी संस्थान में महिला प्रतिनिधि किसी पद पर हैं?
— आपके समुदाय में महिला/पुरुष की क्या समान भागीदारी है?
— यदि आप गाँव की प्रतिनिधि होंगी तो क्या करेंगी? आप पारम्परिक स्वशासन व्यवस्था को किस रूप में देखती हैं?

■ **गाँव के युवकों से बातचीत**

– आपके समुदाय के युवा क्या करते हैं? (नौकरी, शिक्षा इत्यादि)
– अपने गाँव के पारम्परिक स्वशासन व्यवस्था के बारे में आप बताएँ?
– पंचायत की क्या जानकारी है? पंचायत का किसी तरह का अनुभव है?
– अपने समुदाय के लिए विकास को किस रूप में देखते हैं?
– यदि आप गाँव का प्रधान होते तो क्या करते? पारम्परिक स्वशासन व्यवस्था को किस रूप में देखते हैं?

■ **गाँव के प्रधान से बातचीत**

– गाँव की पृष्ठभूमि बताएँ और आप क्या करते हैं?
– गाँव के प्रधान के रूप में आपको क्या फायदा है?
– किस तरह के व्यक्ति को गाँव का प्रधान होना चाहिए?
– गाँव के प्रधान को कब और कैसे बदलते हैं?
– गाँव के प्रधान के अतिरिक्त और कौन-कौन से पद सक्रिय हैं?

■ **गाँव के प्रधान एवं प्रबुद्ध व्यक्ति से बातचीत**

– गाँव के प्रबन्ध में आपकी क्या भूमिका होती है?
– पंचायत के प्रति आपकी क्या सोच है?
– पंचायत और पेसा की क्या जानकारी है?
– पारम्परिक स्वशासन व्यवस्था में आपके विचार से क्या मजबूतियाँ या कमजोरियाँ हैं?

## 9.2 बुद्धिजीवियों से बातचीत हेतु मार्गदर्शिका प्रश्न

■ **पारम्परिक स्वशासन व्यवस्था**

– आदिवासी समुदायों के बीच पारम्परिक स्वशासन व्यवस्था की वर्तमान स्थिति क्या है?
– पारम्परिक स्वशासन व्यवस्था की वर्तमान में मजबूतियाँ एवं कमजोरियाँ क्या हैं?
– पारम्परिक स्वशासन व्यवस्था में महिलाओं की क्या भूमिका है?
– गाँव के विकास में पारम्परिक स्वशासन व्यवस्था की क्या भूमिका है?
– पारम्परिक स्वशासन से सम्बन्धित कानून की क्या जानकारी है?

■ **पंचायती राज/पेसा कानून**

- ग्रामीणों और गाँव के प्रधान को पंचायत से सम्बन्धित क्या जानकारी है?
- पेसा कानून की क्या जानकारी है?
- पंचायत और पेसा के प्रति आपकी क्या सोच है?
- पारम्परिक स्वशासन व्यवस्था और पंचायती राज के बीच कैसे सामंजस्य स्थापित कर सकते हैं?

## 9.3 पारम्परिक प्रधानों के सम्मेलन हेतु मार्गदर्शिका प्रश्न

■ **पारम्परिक स्वशासन व्यवस्था**

- पारम्परिक स्वशासन व्यवस्था को किस नाम से जानते हैं?
- इस स्वशासन व्यवस्था में कौन-कौन लोग शामिल हैं और उनका क्या कार्य है?
- स्वशासन व्यवस्था में प्रधानों का चुनाव किस तरह से होता है?
- स्वशासन व्यवस्था की बैठक कब-कब होती है और बैठक कहाँ होती है?
- बैठक प्रायः किन-किन बातों को लेकर होती है?
- बैठक की सूचना कैसे और कौन देता है?
- बैठक में कौन-कौन शामिल होते हैं?
- क्या महिलाएँ इन बैठकों में शामिल होती हैं? यदि शामिल होती हैं तो निर्णय में उनकी भागीदारी होती है?
- महिलाएँ प्रधान के रूप में चुनी जाती हैं या नहीं?
- स्वशासन के तहत गाँव की न्याय व्यवस्था क्या है? दण्ड के रूप में क्या लिया जाता है? यदि रकम ली जाता है तो उस रकम का क्या उपयोग होता है?
- विवाद का फैसला गाँव में नहीं होने पर क्या करते हैं?
- इस न्याय व्यवस्था में पुलिस की क्या भूमिका होती है?
- गाँव के विकास में स्वशासन व्यवस्था की क्या भूमिका होती है?
- नये पीढ़ी के लोग इस पुरानी स्वशासन व्यवस्था को कितना महत्त्व देते हैं?
- गाँव में यदि अन्य समुदाय के लोग हैं, तो क्या वे भी बैठक में शामिल होते हैं?
- पारम्परिक स्वशासन व्यवस्था की कौन-सी मजबूतियाँ और कमजोरियाँ हैं?
- पारम्परिक स्वशासन व्यवस्था के प्रति आप लोगों की क्या सोच है?
- पारम्परिक स्वशासन व्यवस्था के द्वारा विकास का कोई काम हुआ है?
- गाँव के प्रधान के पास पारम्परिक प्रधानी जमीन है, यदि है तो कितनी है?

– गाँव में सामुदायिक जमीन है या नहीं? अगर है तो उसकी देख-रेख कौन करता है?
– गाँव की मालगुजारी कौन वसूलता है और इसके बदले क्या मिलता है?
– आपके समुदाय के विकास के लिए क्या कदम उठाना चाहिए?

## ■ ग्रामसभा

– गाँव में ग्रामसभा का गठन हुआ है या नहीं?
– ग्रामसभा की बैठक कब-कब होती है?
– उसमें कौन-कौन लोग शामिल होते हैं?
– ग्रामसभा का मुख्य व्यक्ति कौन होता है?
– ग्रामसभा के सदस्य कौन लोग होते हैं?
– ग्रामसभा में क्या-क्या बातें होती हैं?
– ग्रामसभा का मतलब आप लोग क्या समझते हैं?
– ग्रामसभा में स्वयंसेवी संस्था की क्या भूमिका होती है और कौन स्वयंसेवी संस्थान इसके लिए प्रयासरत है?

## ■ पंचायती राज व्यवस्था/पेसा कानून

– पंचायत की क्या जानकारी है?
– पंचायती राज व्यवस्था का किसी तरह का अनुभव है?
– पेसा की क्या जानकारी है?
– पंचायत चुनाव के प्रति क्या सोच है?
– पंचायत चुनाव में उम्मीदवार कितने लोग हो सकते हैं?
– पंचायत चुनाव में कितने प्रतिशत लोग वोट दे सकते हैं?
– पंचायत चुनाव से क्या लाभ-हानि महसूस करते हैं?
– पारम्परिक स्वशासन और पंचायती राज व्यवस्था को कैसे एक साथ लेकर चल सकते हैं?

## 9.4 सन्दर्भ


- अनुसूचित क्षेत्रों में पंचायती राज
- पंचायती राज : हाशिये से हुकूमत तक
- झारखण्ड में आदिवासी स्वशासन : हम और हमारी सरकार
- ग्राम स्वराज से पंचायती राज तक
- पंचायती राज एवं अनुसूचित जाति महिला नेतृत्व

- भारत में पंचायती राज
- आदिवासी अस्मिता और झारखण्ड अस्मिता के सवाल
- झारखण्ड पंचायती राज अधिनियम एवं निर्वाचन नियमावली
- झारखण्ड : एक विस्तृत अध्ययन
- नागर समाज और स्वशासन
- पंचायती राज में महिलाएँ
- पेसा-1996
- विल्किनसन रूल्स
- हकूकनामा : कोल्हान सिंहभूम सेट्लमेन्ट
- हकूकनामा : रेकर्ड ऑफ राइट

❑❑❑